GREGG BRADEN

SECRETOS
DE UN MODO
DE ORAR
OLVIDADO

EDITORIAL
SIRIO

Si este libro le ha interesado y desea que lo mantengamos
informado de nuestras publicaciones, puede escribirnos a
comunicacion@editorialsirio.com,
o bien suscribirse a nuestro boletín de novedades en:
www.editorialsirio.com

Título original: SECRETS OF THE LOST MODE OF PRAYER
Traducido del inglés por Roc Filella Escolá
Diseño de portada: Editorial Sirio, S.A.

©   de la edición original
     2006, Gregg Braden
     Publicado inicialmente en 2006 por Hay House, Inc. USA

     Para oír la radio de Hay House, conectar con www.hayhouseradio.com

©   de la presente edición
     EDITORIAL SIRIO, S.A.

EDITORIAL SIRIO, S.A.	**NIRVANA LIBROS S.A. DE C.V.**	**DISTRIBUCIONES DEL FUTURO**
C/ Rosa de los Vientos, 64	Camino a Minas, 501	Paseo Colón 221, piso 6
Pol. Ind. El Viso	Bodega nº 8,	C1063ACC
29006-Málaga	Col. Lomas de Becerra	Buenos Aires
España	Del.: Alvaro Obregón	(Argentina)
	México D.F., 01280	

www.editorialsirio.com
sirio@editorialsirio.com

I.S.B.N.: 978-84-7808-862-1
Depósito Legal: MA-421-2017

Impreso en Imagraf Impresores, S. A.
c/ Nabucco, 14 D - Pol. Alameda
29006 - Málaga

Impreso en España

Puedes seguirnos en Facebook, Twitter, YouTube e Instagram.

Este libro va dirigido a quienes buscan sosiego ante los temores y la incertidumbre de nuestro mundo. En esos momentos en que la vida te duele y te llena de lágrimas los rincones más recónditos del corazón, te invito a entrar en el refugio de la belleza, la bendición, nuestro modo de rezar olvidado y la profunda sabiduría en que todos ellos descansan. Ahí podrás encontrarle sentido a lo inexplicable y hallar la fuerza que te oriente hasta concluir un día más.

Introducción

C on estas palabras, san Francisco de Asís describía el misterio y la fuerza que anidan en todo hombre o mujer que viene a este mundo. El poeta sufí Rumi hablaba, además, de la magnitud de esa fuerza, y la comparaba con un gran remo que nos impulsa por la vida: «Si pones tu alma conmigo junto a ese remo —decía—, la fuerza que creó el universo entrará en tu ánimo, no desde una fuente *exterior* a tus miembros, sino desde un reino sagrado que *vive en nosotros*».[1]

Con el lenguaje de la poesía, Rumi y san Francisco de Asís expresan algo que está más allá de la experiencia evidente de nuestro mundo cotidiano. Empleando palabras del tiempo que les tocó vivir, nos recuerdan lo que los antiguos llamaban la mayor fuerza del universo: la que nos une con el cosmos. Al hablar de la oración, el religioso decía simplemente: «La consecuencia de la oración es la vida». La plegaria nos trae vida, dice, porque «fertiliza la tierra y el corazón».

Un puente a nuestro pasado

El conocimiento es el puente que nos une con todos los que han vivido antes que nosotros. Civilización tras civilización y vida tras vida, contribuimos a las historias individuales que pasan a componer nuestra historia colectiva. Sin embargo, por bien que conservemos la información que hemos recibido del pasado, las palabras de esas historias, mientras no les demos sentido, son poco más que *datos*. Lo que se convierte en la sabiduría del presente es la forma en que aplicamos lo que sabemos del pasado.

Durante miles de años, por ejemplo, quienes vivieron antes que nosotros conservaron el conocimiento de la oración; sabían por qué funciona y cómo la podemos usar en la vida. En templos majestuosos y en tumbas escondidas, a través del lenguaje y de costumbres que apenas han cambiado desde hace al menos cinco mil años, nuestros antepasados conservaron el poderoso conocimiento de la plegaria. El secreto, sin embargo, no se encuentra en las propias palabras de las oraciones, del mismo modo que la fuerza de un programa informático no depende solo del lenguaje en el que está escrito. Para conocer la verdadera fuerza que nos aguarda cuando rezamos debemos indagar a mayor profundidad.

Es posible que sea precisamente este poder lo que descubrió el místico George Gurdjieff como resultado de la búsqueda de la verdad en la que empleó toda su vida. Después de años de seguir pistas que lo llevaron de templo en templo, de aldea en aldea y de maestro en maestro, se encontró en un monasterio recóndito en las montañas de Oriente Medio. Allí, un gran maestro le ofreció palabras de aliento que dieron sentido y valor a su búsqueda: «Ahora has hallado las condiciones en las que el deseo de tu corazón se puede convertir en la realidad de tu ser». No puedo evitar pensar que la oración formaba parte de esas condiciones que Gurdjieff descubrió.

Para liberar las que san Francisco de Asís llamaba «fuerzas hermosas y salvajes» de nuestro interior y encontrar las condiciones en que el deseo del corazón se hace realidad, debemos comprender la relación que tenemos con nosotros mismos, con el mundo y con Dios. A través de las palabras del pasado, se nos da el conocimiento de cómo hacerlo. En su libro *El profeta*, Jalil Gibran nos recuerda que no se nos puede enseñar aquello que ya sabemos: «Nadie te puede revelar —afirma— lo que ya está adormilado en el alba de tu conocimiento». ¡Tiene todo el sentido pensar que oculto en nosotros poseemos ya el poder de comunicarnos con la fuerza responsable de nuestra existencia! Pero para ello debemos descubrir *quiénes somos realmente*.

Las dos preguntas universales

Al antropólogo Louis Leakey le preguntaron en cierta ocasión por qué era tan importante su empeño en encontrar la prueba más antigua de la existencia humana. Contestó: «Si no entendemos quiénes somos ni de dónde venimos, no creo que podamos avanzar de verdad». Pienso que hay mucho de cierto en estas palabras, tanto que la mayor parte de mi vida adulta ha girado en torno a mi particular propósito de saber quiénes somos, y cómo el conocimiento del pasado nos puede ayudar a ser mejores personas y a crear un mundo más evolucionado.

Salvo a la Antártida, la indagación en el misterio de nuestro pasado me ha llevado a todos los rincones del planeta. De ciudades inmensas como El Cairo y Bangkok a pueblos perdidos de Perú y Bolivia, de antiguos monasterios del Tíbet y el Himalaya a templos hindúes de Nepal, mientras he vivido la experiencia de cada cultura, ha aflorado una única cuestión: las personas de este mundo están preparadas para algo más que el sufrimiento y la incertidumbre que definieron sus vidas durante gran parte del siglo XX. Están dispuestas para la paz y la promesa de un mañana mejor.

Por diferentes que nuestras culturas y formas de vida parezcan ser en el exterior, por debajo de la superficie todos buscamos lo mismo: una tierra a la que llamar hogar, una forma de alimentar a nuestra familia y un futuro mejor para nosotros y nuestros hijos. Al mismo tiempo, hay dos preguntas que gentes de todas las culturas me hacen una y otra vez, directamente o a través de traductores. La primera es muy simple: «¿Qué le ocurre a nuestro mundo?». La segunda: «¿Qué podemos hacer para que todo vaya mejor?». Parece que las respuestas a una y otra se entretejen en una sola comprensión que enlaza las tradiciones actuales de la oración con las culturas espirituales más antiguas y preciadas de nuestro pasado.

* * *

Hace cuatrocientos años, en los altos desiertos del suroeste de lo que hoy es Estados Unidos, los navajos, grandes conservadores de la sabiduría, fueron sometidos a la prueba del terreno, la naturaleza y las tribus de su alrededor. En las condiciones extremas que la sequedad, el calor intenso y la falta de alimento sumieron a sus sociedades, los navajos se dieron cuenta de que debían domar la fuerza de su dolor *interior* para poder soportar el más que adverso mundo *exterior*. De que aprendieran a hacerlo dependía su propia supervivencia.

Al percatarse de que las circunstancias a que la vida les sometía les empujaban a las profundidades de sus mayores sufrimientos, también descubrieron que las mismas pruebas desvelaban sus mayores fortalezas. La clave de su supervivencia residía en sumergirse en los retos de la vida sin perderse en esa experiencia. Debían encontrar el *ancla* dentro de sí mismos —una creencia que les diera la fuerza interior necesaria para soportar esas amarguras— y en el conocimiento de que llegarían días mejores. Desde esa posición de fuerza adquirieron confianza para asumir riesgos, cambiar su modo de vivir y darle sentido a su mundo.

Es posible que hoy nuestras vidas no sean muy distintas de las de aquellas aguerridas personas que vagaron por los altos desiertos del suroeste norteamericano siglos antes de que naciera Estados Unidos como país. El paisaje ha variado y las circunstancias han cambiado, pero aún nos encontramos en situaciones que sacuden los cimientos de nuestras creencias, ponen a prueba los límites de nuestras sensibilidades y nos retan a imponernos a lo que nos hiere. En un mundo del que muchos aseguran que «se rompe por las costuras», salpicado de actos de odio sin sentido, incontables relaciones fracasadas, hogares rotos y problemas que amenazan a la supervivencia de sociedades enteras, nos enfrentamos a la necesidad de hallar una forma de vivir día a día en paz, con alegría y sentido del orden.

Con la elocuencia típica de esa antigua sabiduría, la tradición del pueblo navajo habla de una forma de contemplar la vida que carga sobre nuestros hombros la responsabilidad de nuestra propia felicidad o sufrimiento. Conservada como la Oración de la Belleza, las palabras exactas varían de un registro a otro y de una tradición oral a otra, pero la esencia de la plegaria se puede resumir en tres breves frases. Con solo veinte palabras, los ancianos navajos transmiten su compleja sabiduría, y nos recuerdan la conexión entre nuestros mundos interior y exterior, una conexión que la ciencia moderna no ha reconocido hasta hace poco.

Dispuestas en tres partes, cada una de las frases de la oración profundiza en nuestro poder para cambiar la química de nuestro cuerpo e influir en las posibilidades cuánticas de nuestro mundo. En su forma más simple, las palabras hablan por sí mismas. Los navajos dicen: «*Nizhonigoo bil iina*», cuya traducción aproximada sería:

La belleza con la que vives,
la belleza por la que vives,
la belleza en la que basas tu vida. [2]

Con las palabras de un autor hace mucho tiempo olvidado, la sencillez de esta oración abre nuevas esperanzas cuando parece que todo haya fracasado. Pero la Oración de la Belleza es más que palabras. En su simplicidad radica la clave de la solución de uno de los mayores misterios de la humanidad. ¿Cómo sobrevivimos a las heridas de la vida? En lugar de perseguir la seguridad y huir atemorizados de aquello mismo que da sentido a todos y cada uno de los días, el poder de la belleza y la oración nos permite irrumpir en nuestra propia experiencia, sabiendo que cualquier herida que podamos sufrir es pasajera. Mediante la Oración de la Belleza, el pueblo navajo encontró hace tiempo fuerza, consuelo y una forma de enfrentarse al sufrimiento de nuestro mundo.

¿Cuáles son los secretos de tradiciones como la de los navajos del suroeste de Estados Unidos, la de los monjes y monjas del Tíbet y otras que se han conservado mientras nos desviábamos de nuestra relación con la Tierra, con nosotros mismos y con una fuerza superior? ¿Qué sabiduría poseían en su tiempo que nos pueda ayudar, en el momento presente, a ser mejores personas y a crear un mundo más evolucionado?

El dolor, la bendición, la belleza y la oración

Oculta en los conocimientos de quienes nos precedieron, hallamos la sabiduría para dar fuerza a nuestras plegarias de salud y paz. Desde los antiguos escritos de los gnósticos y los esenios hasta las tradiciones indígenas de las Américas, el dolor, la bendición y la belleza se reconocen como las claves de la supervivencia ante las mayores de las pruebas que se nos presentan. La plegaria es el lenguaje que nos permite aplicar las lecciones de la experiencia a los distintos escenarios de la vida.

Desde esta perspectiva, la *sabiduría* y el *dolor* son los dos extremos de la misma experiencia, el inicio y el final del mismo ciclo. El dolor es nuestro primer sentimiento, la respuesta visceral a la pérdida, el desengaño y el conocimiento de algo que nos trastorna los sentimientos. La sabiduría es la manifestación de la recuperación del dolor que nos produce una herida. Al hallar un nuevo sentido a las experiencias lacerantes, convertimos el dolor en sabiduría. La bendición, la belleza y la oración son las herramientas para este cambio.

El reverendo Samuel Shoemaker, visionario cristiano del siglo XX, describía la fuerza creadora de la oración en una sola frase, poética y de una sencillez desoladora: «Es posible que la oración no *te* cambie las cosas, pero es seguro que *te cambiará* para las cosas». Tal vez sea imposible volver atrás para enmendar aquello por lo que sufrimos, pero sí poseemos el poder de cambiar lo que la pérdida de seres queridos, la conmoción por promesas incumplidas y otros sinsabores de la vida puedan significar para nosotros. De esta forma, abrimos la puerta para avanzar hacia la resolución curativa de los más dolorosos recuerdos.

Si no entendemos la relación entre sabiduría y dolor, nos puede parecer que no tiene sentido soportar el sufrimiento, incluso que es una crueldad hacerlo. De esa manera, no se cerrará el ciclo del dolor. Pero ¿cómo nos podemos distanciar lo suficiente de los sufrimientos que nos trae la vida para encontrar la sabiduría en nuestras experiencias? Cuando nos tambaleamos por una pérdida, por un abuso de confianza o por una traición, impensables tan solo unas horas o unos momentos antes, ¿cómo podemos hallar un refugio duradero para nuestros sentimientos y, así, sentir algo nuevo? Aquí es donde interviene la fuerza de la bendición.

La bendición es la liberación

La *bendición* es el antiguo secreto que nos libera de nuestro dolor lo suficiente para sustituirlo por otro sentimiento. Cuando bendecimos a la persona o a aquello que nos ha herido, suspendemos temporalmente el ciclo del dolor. No importa que ese paréntesis se extienda un nanosegundo o todo un día. Cualquiera que sea el tiempo que se prolongue, durante la bendición se nos abre una puerta para iniciar la sanación y proseguir con nuestra vida. La clave reside en que durante cierto tiempo vivimos una libertad suficiente para dejar que nos entre en el corazón y la mente algo nuevo. Ese algo es el poder de la *belleza*.

La belleza es la que transforma

Las tradiciones más antiguas y sagradas nos recuerdan que la belleza se encuentra en todo lo que nos rodea, independientemente de cómo lo interpretemos en nuestra vida diaria. La belleza ya está creada, y siempre está presente. Podemos alterar lo que nos rodea, crear nuevas relaciones y mudarnos a otros lugares para satisfacer nuestras siempre mutables ideas de equilibrio y armonía, pero los ladrillos con los que se levanta esa belleza están ya en su sitio.

Más allá de la percepción de aquello que simplemente nos deleita la vista, las tradiciones de la sabiduría describen la belleza como una *experiencia* que también nos conmueve el corazón, la mente y el alma. Con nuestra capacidad de observar la belleza hasta en los momentos más *desagradables* de la vida, nos podemos elevar lo bastante para otorgarle un nuevo significado al dolor que nos aqueja. De esta manera, la belleza es el detonante que nos lanza a una nueva forma de ver las cosas. Sin embargo, parece que esté dormida hasta que le prestamos atención. La belleza solo despierta cuando la invitamos a participar en nuestra vida.

Un modo de orar olvidado

Vivimos en un mundo de experiencias que desafían nuestras sensibilidades y nos empujan hasta los límites de lo que, como seres racionales y afectuosos, podemos aceptar. Ante la guerra y el genocidio más allá de nuestras fronteras, así como el odio que nos generan las diferencias entre nuestras propias comunidades, ¿cómo podemos lograr que aniden en nosotros sentimientos como los de paz y sanación? Resulta evidente que, si queremos superar la situación en la que nos encontramos, hemos de hallar la forma de romper el círculo de dolor, sufrimiento, ira y odio.

En las lenguas de su tiempo, las antiguas tradiciones dejaron instrucciones precisas sobre cómo hacerlo. Sus palabras nos recuerdan que *la vida* no es nada más y nada menos que el espejo de aquello en lo que nos hemos convertido en nuestro interior. La clave para vivir la vida como belleza, o como dolor, se encuentra exclusivamente en nuestra capacidad de *convertirnos* en esas cualidades en cada momento del día. Se amontonan las pruebas científicas que avalan esa sabiduría y el papel decisivo que todos nosotros desempeñamos en la sanación, o el sufrimiento, de nuestro mundo.

A finales del siglo XX, diversos experimentos confirmaron que estamos inmersos en un *campo* de energía que nos conecta a todos con lo que ocurre en el mundo. Con nombres que van de «holograma cuántico» a «mente de Dios», las investigaciones están demostrando que, a través de esta energía, las plegarias que albergamos *dentro* de nosotros pasan al mundo de nuestro *alrededor*. Tanto la ciencia como la tradición antigua apuntan exactamente a lo mismo: debemos *encarnar* en la vida las mismas circunstancias que deseamos *vivir* en el mundo. Ocultas en algunos de los lugares más recónditos y remotos que aún quedan en la Tierra, se hallan las instrucciones del modo de orar olvidado que nos ayuda a hacerlo.

En la primavera de 1998, tuve el honor de dirigir una peregrinación de veintidós días a los monasterios del Tíbet central, en busca de pruebas de una forma de orar antigua y olvidada: el lenguaje que le habla al *campo* que une todo lo que existe. Los monjes y monjas que allí viven nos mostraron una forma de orar que en Occidente se perdió en gran medida debido a las correcciones bíblicas que en el siglo IV hizo la primitiva Iglesia cristiana.[3] Conservado durante siglos en los textos y las tradiciones de aquellas personas que viven en el techo del mundo, este modo *olvidado* de orar no consta de palabras ni expresiones externas. Se basa solamente en los sentimientos.

En particular, nos invita a sentir como si nuestra plegaria ya hubiera sido atendida, en lugar de vernos impotentes y necesitados de pedir ayuda a una fuente superior. En años recientes, diversos estudios han demostrado que es precisamente este tipo de sentimiento el que, de hecho, le *habla* al *campo* que nos conecta con el mundo. Mediante estas plegarias, se nos da poder para participar en la sanación de nuestra vida y nuestras relaciones, de nuestro cuerpo y del mundo.

Hacer como hacen los ángeles...

Lo fundamental para usar este tipo de oración es reconocer el poder oculto de la belleza, la bendición, la sabiduría y el dolor. Los cuatro desempeñan un papel ineludible como parte de un ciclo mayor por el que podemos sentir, aprender, liberarnos y trascender las más profundas heridas de la vida. En palabras de un escriba desconocido que registró las enseñanzas de Jesús hace casi dos mil años, se nos recuerda que el poder de cambiar el mundo, y de derribar todos los obstáculos que se interponen entre nosotros y ese poder, habita en nuestro interior: «Lo más difícil de todo [para los humanos] es albergar los pensamientos de los ángeles... y hacer como los ángeles hacen...».[4]

La plegaria es el lenguaje de Dios y de los ángeles. También es el lenguaje que se nos da para curar, con sabiduría, belleza y gracia, el sufrimiento que nos produce la vida. Descubramos hoy el poder de la plegaria en Internet o en un rollo de pergamino del siglo I: el mensaje es el mismo. Aceptar que poseemos la capacidad de usar este lenguaje universal puede ser el mayor reto de nuestra vida. Al mismo tiempo, es la fuente de nuestra mayor fuerza. Cuando sabemos más allá de toda duda que *ya* hablamos el lenguaje del sentimiento de la oración, despertamos esa parte de nosotros que nunca nos podrán arrebatar. Este es el secreto del modo de orar olvidado.

GREGG BRADEN
Taos, Nuevo México

Capítulo uno

EL PRIMER SECRETO:
El modo de orar olvidado

La fuerza que creó los esplendores inimaginables
y los horrores inconcebibles se ha refugiado
en nosotros, y seguirá nuestras órdenes.

SANTA CATALINA DE SIENA

Hay algo «ahí fuera». Justo más allá de nuestras percepciones de nuestro mundo cotidiano existe una presencia, una fuerza, a la vez misteriosa y reconfortante. Hablamos de ella. La sentimos. Creemos en ella y le rezamos, tal vez sin siquiera comprender qué es exactamente.

Las antiguas culturas sabían que esta presencia existía, y le dieron diversos nombres, desde Red de la Creación hasta Espíritu de Dios. También sabían cómo aplicarla a su vida. Utilizando palabras de su tiempo, dejaron instrucciones detalladas a las gentes del futuro, explicando cómo podemos utilizar esta fuerza invisible para sanar nuestro cuerpo y nuestras relaciones, y traer la paz al mundo. Hoy sabemos que el lenguaje conecta estos tres componentes como un modo de orar *olvidado*.

Sin embargo, a diferencia de las oraciones tradicionales que podamos haber usado en el pasado, esta forma de oración no tiene palabras. Se basa en el lenguaje mudo del sentimiento humano. Nos invita a sentir gratitud y aprecio, *como si nuestras plegarias ya hubieran sido atendidas*. Con este sentimiento, los antiguos creían que se nos da acceso directo al poder de la creación: el Espíritu de Dios.

En el siglo XX, es posible que la ciencia haya redescubierto el Espíritu de Dios como un *campo* de energía diferente de cualquier otra forma de energía. Parece que se halla por todas partes, en todo momento, y que existe desde el principio de los tiempos. Max Planck, considerado el padre de la física cuántica, decía que la existencia del *campo* apunta a la de una gran inteligencia responsable del mundo físico. «Debemos asumir que detrás de esta fuerza hay una mente consciente e inteligente». Y concluía sin más: «Esta mente es la matriz de toda la materia».[1] Estudios actuales, refiriéndose a ella con otros nombres, como el de «campo unitario», han demostrado que la matriz de Planck posee inteligencia. Exactamente como señalaban los antiguos, el *campo* responde al sentimiento humano.

Con independencia del nombre que le demos y de cómo lo definan la ciencia y la religión, resulta evidente que ahí fuera hay algo —una fuerza, un *campo*, una presencia— que es el *gran imán* que nos atrae constantemente unos a otros y nos conecta con un poder superior. Sabiendo que existe esta fuerza, tiene sentido que nos podamos comunicar con ella de forma significativa y útil para nuestra vida. En última instancia, es posible que descubramos que la misma fuerza que nos cura las heridas más profundas y establece la paz entre las naciones tenga la llave de nuestra supervivencia como especie.

El censo mundial que se realizó en 2000 se considera el registro de nuestro mundo más preciso de la historia. Entre las contundentes estadísticas sobre la familia global que desveló, y tal vez la más significativa, se encuentra el sentimiento casi universal de que estamos aquí a propósito, y que no estamos solos. Más del noventa y cinco por ciento de la población mundial cree en la existencia de una fuerza superior. De este porcentaje, más de la mitad llama «Dios» a esta fuerza.

La pregunta hoy se refiere menos a si hay o no algo «ahí fuera», y más a qué significa ese *algo* en nuestra vida. ¿Cómo podemos hablarle a la fuerza superior en la que tantos creemos? Las mismas culturas que describieron los secretos de la naturaleza hace miles de años también contestaron esta pregunta. Como bien podíamos esperar, el lenguaje que nos une a Dios se encuentra en una experiencia común que todos compartimos: la experiencia de nuestros sentimientos y nuestras emociones.

Cuando en nuestro corazón nos centramos en una determinada cualidad del sentimiento, en realidad estamos usando el modo de plegaria que en gran medida se olvidó después de las disposiciones bíblicas del siglo IV. La clave de utilizar el sentimiento como lenguaje de la plegaria reside sencillamente en entender cómo funciona la oración. En los santuarios más remotos y aislados que hoy quedan en la Tierra, aquellos menos perturbados por la civilización moderna, se encuentran algunos de los ejemplos mejor conservados de cómo podemos hablarle a la presencia que el noventa y cinco por ciento de las personas creemos que existe.

El sentimiento es la oración

Me sentía mareado por lo que acababa de oír. El frío del suelo de piedra en el que estaba arrodillado se metió por las dos capas de ropa que esa mañana me había puesto. En la meseta tibetana, todos los días son a la vez invierno y verano: verano al sol directo que luce en aquellas altitudes, e invierno cuando el sol desaparece detrás de los dentados picos del Himalaya... o de los altos muros del templo que me rodeaban. Parecía como si no hubiera nada entre mi piel y las viejas piedras del suelo; sin embargo, no podía moverme de allí. Por esa razón había invitado a otras veinte personas a que me acompañaran en un viaje que nos llevó a los confines del mundo. Aquel día, nos hallábamos en algunos de los lugares consagrados al conocimiento más remotos, aislados, esplendorosos y sagrados que hoy quedan en la Tierra: los monasterios del altiplano del Tíbet.

Durante catorce días habíamos aclimatado el cuerpo a altitudes de más de cinco mil metros sobre el nivel del mar. Habíamos cruzado un río gélido en barcazas de madera talladas a mano y viajado durante horas observándonos mutuamente a través de las mascarillas que actuaban de filtro contra el polvo que flotaba entre las tablas del suelo de aquel viejo autobús chino. Un autobús que parecía tan antiguo como los propios templos, pero que el conductor me aseguró que no lo era. Agarrados a los asientos, e incluso los unos a los otros, habíamos superado puentes semidestruidos y avanzado por un desierto sin carreteras, en un continuo sobresalto, para estar en ese preciso lugar en ese preciso momento. Pensé: «La cuestión hoy no es que haga calor. Hoy es un día de respuestas».

Centré la atención directamente en los ojos de aquel hombre admirable y de aspecto atemporal que tenía ante mí sentado en la postura del loto: el abad del monasterio. A través del traductor, le acababa de hacer la misma pregunta que les había hecho a todos los monjes que habíamos conocido en nuestro peregrinaje:

—Cuando os vemos orar, ¿qué *hacéis*? Cuando os oímos cantar y salmodiar durante catorce o dieciséis horas al día, cuando en el exterior vemos las campanas, los cuencos, los gongs, los *mudras* y los mantras, *¿qué ocurre en vuestro interior?*

Cuando el traductor me proporcionó la respuesta del abad, una fuerte sensación me recorrió el cuerpo, y supe que esa era la razón de que hubiéramos ido a ese lugar.

—Nunca habéis visto nuestras oraciones —contestó— porque la oración no se puede ver.

Ajustándose las pesadas prendas de lana bajo los pies, el abad prosiguió:

—Lo que habéis visto es lo que hacemos para crear el sentimiento en nuestro cuerpo. *El sentimiento es la oración*.

La claridad de su respuesta me hizo tambalear. En sus palabras resonaban las ideas recogidas en las antiguas tradiciones gnóstica y cristiana hacía más de dos mil años. En las primeras traducciones del libro de Juan de la Biblia (capítulo 16, versículo 24, por ejemplo), se nos invita a darle fuerza a nuestras oraciones *rodeándonos* del sentimiento de que nuestros deseos se cumplen, tal como señalaba el abad: «Pregunta sin ningún motivo oculto y *rodéate de tu respuesta*». Para que nuestras plegarias sean oídas, debemos trascender la duda que en muchas ocasiones las acompaña y centrarnos en el carácter positivo de nuestro deseo. Siguiendo una breve

многоми́лостиво:

Испов́ѣдайтеся гдеви:

ѵпакоꙋ гла́са.

на полꙋнощницѣ:

оу́трени, каѳі́смы

Бл҃же́нъ

прилага́емъ

enseñanza sobre la fuerza de superar tales contradicciones, las palabras de Jesús registradas en los manuscritos de la biblioteca de Nag Hammadi nos recuerdan que cuando lo hacemos y le decimos a la montaña «¡retírate!», la montaña se aleja.[2]

Si esa sabiduría sobrevivió durante un tiempo tan prolongado, también nos ha de ser útil hoy. Con un lenguaje prácticamente idéntico, el abad y los manuscritos describían una forma de oración que en Occidente se ha olvidado en gran medida.

Las sagradas lecciones del pasado

La oración es tal vez una de las experiencias humanas más antiguas y misteriosas. También una de las más personales. Ya antes de que la palabra «oración» apareciera en las prácticas espirituales, los registros más antiguos de las tradiciones gnóstica y cristiana empleaban términos como «comunión» para referirse a nuestra capacidad de hablar con las fuerzas invisibles del universo. La plegaria es exclusiva de cada persona que la vive. Algunos aseguran que hay tantas formas distintas de orar como individuos que oran.

Hoy, quienes investigan la oración señalan cuatro amplias categorías que se cree que abarcan todas nuestras múltiples maneras de rezar. Sin que el orden importe, son las siguientes: oraciones coloquiales o informales, oraciones de súplica, oraciones rituales y oraciones de meditación.[3] Los investigadores señalan que cuando rezamos empleamos una de estas cuatro categorías, o una combinación de ellas.

Por válidas que sean estas definiciones, y por muy bien que parezca que funcionen estas plegarias, siempre hay otra forma de orar que no se contempla en esta lista: el quinto modo de oración, el *modo olvidado*, una plegaria que se basa exclusivamente en el *sentimiento*. En lugar de la sensación de impotencia que casi siempre nos lleva a pedirle ayuda a una fuerza superior, la oración basada en el sentimiento reconoce nuestra capacidad de comunicarnos con la fuerza inteligente en la que un noventa y cinco por ciento de las personas creemos y de cuyos beneficios gozamos.

Sin palabra ni expresión física alguna —sin necesidad de poner las manos de una determinada forma, arrodillarnos o sentarnos de cierta manera—, este modo de oración simplemente nos invita a *sentir* una emoción clara y poderosa, como si nuestras plegarias ya hubieran sido atendidas. Con este *lenguaje* intangible, participamos en la sanación de nuestro cuerpo, en la abundancia que les llega a nuestros amigos y familiares, y en la paz entre los pueblos.

A veces vemos referencias a este modo de orar, quizá sin reconocer lo que se nos muestra. En el suroeste de Estados Unidos, por ejemplo, existen antiguas estructuras de piedra cuyos constructores levantaron a modo de *capillas*: lugares sagrados donde se pudiera compartir la sabiduría y ofrecer oraciones. Esas construcciones de piedra perfectamente circulares, algunas enterradas bajo una gruesa capa de tierra, eran conocidas como *kivas*. En las paredes de algunas kivas se hallan, talladas, esculpidas y pintadas, pistas sobre cómo se empleaba el modo de orar olvidado en esas culturas.

En el interior de kivas restauradas en la zona de Four Corners se conservan restos de la capa de barro que hace mucho tiempo cubría esas estructuras pétreas. Grabadas suavemente sobre el estuco aún se pueden ver las imágenes difusas de nubes de tormenta y rayos sobre exuberantes campos de maíz. En otros lugares, las paredes muestran trazos que apuntan a animales como el alce y el ciervo, muy abundantes en esos valles. Los antiguos artistas registraban de esta forma el secreto del modo de orar olvidado.

En los lugares donde se ofrecían las oraciones, quienes rezaban se rodeaban de imágenes de aquello mismo que decidían vivir. De modo similar a las escenas de resurrecciones milagrosas que hoy se pueden ver en iglesias y templos, las imágenes inspiraban a quienes oraban el *sentimiento* de que sus plegarias habían sido atendidas. Para aquellas personas, la oración era una experiencia en la que participaba todo el cuerpo, en la que intervenían todos los sentidos.

Pedirle a la lluvia

Cualquier reserva que hubiera podido albergar sobre cómo funciona este principio se desvaneció un día de principios de los años noventa. Los altos desiertos de Nuevo México sufrían un largo período de sequía extrema, cuando mi amigo indígena David (nombre figurado) me invitó a ir con él a un antiguo círculo de piedra a «pedir lluvia». Nos encontramos donde habíamos quedado y anduve con él a primeras horas de la mañana por un valle de más de cuarenta y cinco mil hectáreas de salvia del desierto. Al cabo de unas dos horas caminando, llegamos a un lugar en el que David había estado muchas veces antes. Era un círculo compuesto de piedras colocadas en líneas geométricas y flechas perfectas, dispuestas exactamente como las habían puesto hacía mucho tiempo las manos de su artífice.

—¿Qué es este lugar? –pregunté.

—Esta es la razón por la que hemos venido —se rió David—. Este círculo de piedra es una rueda de la medicina que se remonta a más allá de lo que mi pueblo recuerda. La rueda en sí no tiene ningún poder. Sirve de referencia para la persona que reza. Imagina que es como un mapa de carreteras, en el que se muestra el camino entre los humanos y las fuerzas de este mundo.

Adelantándose a mis preguntas, David me explicó que desde muy pequeño le habían enseñado el lenguaje de ese mapa.

—Hoy —dijo— recorreré un antiguo sendero que conduce a otros mundos. Desde ellos, haré lo que nos ha traído hasta aquí. Hoy le pediré a la lluvia.

No estaba preparado para lo que vi a continuación. Observé detenidamente cómo David se quitaba los zapatos, colocaba con suavidad los pies desnudos dentro del círculo y reverenciaba a las cuatro direcciones y a todos sus antepasados. Despacio, juntó las manos delante de la cara en actitud de oración, cerró los ojos y se quedó inmóvil. Ajeno al calor del sol del mediodía del desierto, la respiración se le aminoró y apenas era perceptible. Al cabo de escasos minutos, respiró hondo, abrió los ojos, me miró y dijo:

—Vámonos. Nuestro trabajo aquí ha terminado.

Yo esperaba ver alguna danza ritual o, cuando menos, algún cántico. Me sorprendió la rapidez con que empezó y terminó la plegaria de David.

—¿Ya? —pregunté—. Pensaba que ibas a pedir que lloviese.

La respuesta de David a mi pregunta ha sido la clave de lo que a tantas personas les ha ayudado a comprender este tipo de plegaria. Al sentarse en el suelo para atarse los zapatos, David levantó la vista y me sonrió.

—No —contestó—. Dije que le pediría *a la* lluvia. Si hubiese pedido que llueva, es posible que nunca ocurra.

Más tarde, aquel mismo día, me explicó lo que quería decir con esas palabras.

Empezó señalando que los ancianos de su pueblo habían compartido con él los secretos de la plegaria cuando era pequeño. La clave, dijo, es que cuando pedimos que algo ocurra, le damos poder a lo que no tenemos. Las oraciones *que piden* la sanación le otorgan mayor fuerza a la enfermedad. Las plegarias *que piden* la lluvia le dan fuerza a la sequía.

—Seguir pidiendo que se *produzca* algo no hace sino darle mayor fuerza a aquello que quisiéramos cambiar —dijo.

Pienso a menudo en las palabras de David, y en lo que podrían significar hoy para nuestra vida. Si, por ejemplo, pedimos la paz en el mundo, al tiempo que sentimos una inmensa ira hacia quienes nos llevan a la guerra, o incluso hacia la propia guerra, es posible que, sin darnos cuenta, alimentemos las propias circunstancias que conducen a lo opuesto, a la paz. Con tantas naciones del mundo inmersas hoy en conflictos armados, me pregunto a menudo qué papel pueden estar desempeñando los millones de personas bienintencionadas que rezan por la paz todos los días, y cómo un pequeño cambio de perspectiva podría darle otro contenido a ese papel.

Me volví hacia David y le pregunté:

—Si no pediste que llueva, ¿qué es lo que hiciste?

—Es muy sencillo —contestó—. Comencé a *sentir* la lluvia. Percibí la sensación del agua caer sobre mi cuerpo y lo que se siente al estar de pie en el barro con los pies descalzos en la plaza de nuestro pueblo. Sentí los olores de la lluvia cayendo sobre las paredes de barro de nuestras casas y la emoción de andar por los campos de maíz con el pecho henchido porque había llovido copiosamente.

La explicación de David era perfectamente lógica. Empleaba todos sus sentidos —los poderes ocultos del pensamiento, el sentimiento y la emoción que nos distinguen de todas las demás formas de vida— además de los del oído, el olfato, la vista, el gusto y el tacto, que nos conectan con el mundo. De esa forma, utilizaba el lenguaje antiguo y poderoso que le *habla* a la naturaleza. Fue la siguiente parte de su explicación la que hizo mella en mi mente científica y me conmovió el corazón, y la que realmente resonó en mi interior.

En consonancia con las plegarias de lluvia, me explicó que los sentimientos de gratitud y aprecio eran el complemento de la oración, como el *amén* que emplean los cristianos. Sin embargo, en lugar de dar gracias por lo creado, David me dijo que se sentía agradecido por la oportunidad de participar en la creación.

—Al dar gracias, reverenciamos todas las posibilidades y hacemos realidad en el mundo aquellas por las que nos decidimos.

Las investigaciones demuestran que tal gratitud y aprecio es precisamente lo que activa la química de la vida en las poderosas hormonas de nuestro cuerpo y nos fortalece el sistema inmunitario. Estos cambios químicos que se producen en nuestro *interior* son los que los efectos cuánticos llevan más allá de nuestro organismo por medio de la misteriosa sustancia que parece que conecta todo lo creado. Con la sencillez de unos conocimientos ancestrales, David acababa de compartir esa compleja tecnología interior, la sabiduría de un modo de orar olvidado.

• • •

Si no lo has hecho aún, lector, te invito a que pruebes este modo de oración. Piensa en algo que quisieras experimentar en la vida, cualquier cosa. Puede ser la sanación de una dolencia física tuya o de otro, la abundancia para tu familia o encontrar a la persona perfecta con la que compartir tu vida. Sea lo que fuere, en lugar de pedir que se haga realidad, siente como si ya lo fuera. Respira hondo y siente la plenitud de tu plegaria hecha realidad en todos los detalles y de todas las formas posibles.

Y ahora, siente gratitud por cómo es tu vida con esa plegaria ya atendida. Observa el alivio y la liberación que se derivan de la acción de dar las gracias, y no el anhelo ni el ansia que la petición de ayuda genera. La sutil diferencia entre el alivio y el anhelo es la fuerza que distingue el *pedir* del *recibir.*

Soñar en la Mente de Dios

Existen hoy cada vez más estudios que confirman una forma de energía antes no reconocida que puede explicar por qué funcionan las oraciones como las de David. Este sutil campo de energía actúa de forma distinta a los tipos de energía que estamos acostumbrados a medir. No es completamente eléctrico ni magnético, pero estas fuerzas familiares forman parte del campo unificado que parece que impregna a toda la creación. La conciencia de este *campo* es muy nueva, de ahí que los científicos deban ponerse aún de acuerdo en darle un único nombre. En las diversas investigaciones y libros se lo denominan de diferentes formas, que van desde la «mente de la naturaleza» hasta la «Mente de Dios», y a menudo simplemente el «Campo». Independientemente de cómo la etiquetemos, parece que esta energía es el lienzo vivo en el que se plasman los sucesos de nuestra vida.

Para facilitar la visualización de este tipo de *campo*, a veces los científicos lo describen como una tupida red que constituye el tejido de fondo de la creación, literalmente la capa de la mente de Dios. De las muchas explicaciones que se le pueden dar, creo que la más útil es imaginar el Campo como la *materia* que vive en la nada. Cuando miramos el espacio que media entre nosotros y otra persona o cualquier objeto, e imaginamos que ese espacio está vacío, ahí tenemos el Campo. Pensemos en el espacio entre el núcleo y la primera órbita de un electrón de los viejos modelos del átomo, o en las vastas distancias entre las estrellas y las galaxias que nos parecen vacías —el tamaño del espacio no marca diferencia alguna—: en la nada, ahí está el Campo.

El reconocimiento actual de la existencia del Campo nos proporciona un lenguaje, y un contexto, para comprender la sabiduría espiritual en las conversaciones científicas. Se piensa, por ejemplo, que se trata del lugar al que los antiguos se referían cuando hablaban del «cielo», ese espacio al que van las almas al morir, donde soñamos cuando dormimos y la sede de la conciencia.

La existencia de un campo de energía que conecta toda la creación cambia las ideas que la ciencia ha tenido sobre nuestro mundo durante más de cien años. A partir de los resultados del famoso experimento que Michelson y Morley realizaron en 1887,[4] los científicos concluyeron que lo que ocurre en nuestro mundo no guarda relación alguna con lo demás, que lo que alguien haga en una parte del mundo no tiene ningún efecto en alguien que esté en sus antípodas. Hoy sabemos que no es así. Mediante la capa de energía que impregna todo el planeta, estamos vinculados de formas que solo estamos empezando a comprender.

El espejo que no miente

Las tradiciones antiguas señalan que, además de conectarlo todo, el Campo nos sirve de reflejo, de *espejo exterior* de nuestras *experiencias interiores*. Como «sustancia» palpitante, flamante y viva, actúa como una especie de mecanismo de retroalimentación. A través de él, la creación refleja nuestros sentimientos y pensamientos más profundos, nuestro trabajo y nuestra salud; de ese modo podemos ver nuestras verdaderas creencias, *y no solo lo que quisiéramos creer.*

Para visualizar mejor cómo funciona este espejo, a veces recuerdo el agua *viva* de la película de ciencia ficción *Abyss*. Ambientada en las profundidades oscuras y desconocidas del fondo oceánico, una misteriosa forma de vida aparece ante la tripulación abandonada de un barco de exploración del fondo marino. (Seré breve y esquemático, para no fastidiarte la película si aún no la has visto.) La energía no física de la presencia de aspecto alienígena se ha de manifestar a través de algo físico, y por ello utiliza el medio más abundante que existe en el fondo del océano: el agua. En forma de tubo inteligente e inacabable de agua marina, se introduce en el barco, y a continuación avanza serpenteando por pasillos y puertas hasta que encuentra a la tripulación, reunida en una sola dependencia para ahorrar energía.

Y aquí es donde entra en escena el espejo. Cuando la forma de vida acuosa se levanta del suelo y un extremo del tubo mira directamente a la cara de los tripulantes a la altura de los ojos, empieza a producirse algo sorprendente. Siempre que alguien de la tripulación mira el extremo del tubo, este refleja su cara con la expresión y el aspecto exactos de ese momento. El tubo no tiene conciencia de lo que está mostrando y no intenta mejorar ni cambiar en modo alguno lo que se le presenta. Solo refleja a la persona que tiene ante sí en ese instante.

Parece que así es como funciona exactamente el Campo de la Mente de Dios: refleja lo que somos en nuestro interior y la forma en que nos mostramos al exterior.

«El sentimiento es la oración», había dicho el abad tibetano, en consonancia con las enseñanzas de las tradiciones de los grandes maestros de los nativos americanos, y también de la cristiana y la judía. Pensé: «¡Qué fuerza! ¡Qué belleza! ¡Qué sencillez!». El sentimiento es el lenguaje que la Mente de Dios reconoce. El sentimiento es el lenguaje que David empleó para invitar a la lluvia a que cayera sobre el desierto. Ocurre de forma tan directa y literal que se entiende fácilmente por qué tal vez hemos pensado que este principio sea más complejo de lo que realmente es. Resulta fácil pensar cómo pudimos ignorarlo por completo.

La conciencia crea

El Campo simplemente refleja la calidad de nuestros sentimientos como las experiencias de nuestra vida. En palabras de tiempos remotos, los textos de hace dos mil quinientos años describen exactamente este saber e indican también que es más antiguo incluso que las páginas en las que está registrado. *El Evangelio de los Esenios*, por ejemplo, dice: «Hijos míos, ¿no sabéis que la Tierra, y todo lo que en ella habita, no es más que el *reflejo* del reino del Padre celestial?»[5] (la cursiva es mía). Del mismo modo que, al lanzar una piedra al agua, las ondas irradian desde el punto en que cayó, nuestros pensamientos, sentimientos, emociones y creencias, a veces inconscientes, crean en el Campo las *perturbaciones* que se convierten en el plano de referencia de acción de nuestra vida.

Bastan tan pocas palabras para explicar esta fuerza que es fácil desdeñarla. Sin la pesadez de la jerga técnica ni el doble discurso científico, los antiguos relataron con sencillez cómo los sucesos cotidianos están vinculados con la calidad de nuestros sentimientos. Con la claridad de este profundo saber, la responsabilidad de nuestra salud y de la paz se sitúa más allá del reino del *azar* y la *mala suerte*, y recae directamente en nuestras manos.

La idea de un campo de inteligencia siempre presente no es nueva, pero los físicos modernos la han elevado hoy a un nivel de consideración superior y la han hecho objeto de aceptación generalizada. Tal vez John Wheeler, afamado doctor en física de la Universidad de Princeton contemporáneo de Einstein, fue quien mejor explicó la física revolucionaria de una energía que conecta toda la creación. Recuerdo una entrevista que le hicieron en 2002 después de que se recuperara de una grave enfermedad. Al preguntarle qué dirección tomarían a partir de entonces sus trabajos, respondió que

vio en su enfermedad y en su recuperación una oportunidad. Fueron el catalizador que lo impulsó a centrarse en la única pregunta que durante tanto tiempo se le había escapado.

«¿De qué pregunta se trata?», quiso saber el entrevistador. Wheeler contestó que tenía pensado dedicar su vida a comprender la relación entre la conciencia y el universo. En el mundo de la física tradicional, esta afirmación, en sí y por sí misma, es suficiente para socavar los cimientos de las teorías aceptadas y hacer que los padres de los manuales modernos se revuelvan en su tumba. Históricamente, las ideas de conciencia y de tejido del universo no se han utilizado nunca en la misma frase.

Sin embargo, Wheeler no se detuvo aquí. En años posteriores fue puliendo sus teorías, señalando que la conciencia es más que un producto secundario del universo. Sostiene que vivimos en un cosmos «participativo», y asegura: «Formamos parte de un universo que es una obra en progreso. Somos diminutos retazos del universo que se mira a sí mismo *y se construye a sí mismo*». Las implicaciones de las afirmaciones de Wheeler son enormes. En el lenguaje de la ciencia del siglo XX y principios del XXI, reitera lo que las culturas antiguas afirmaron hace miles de años: la conciencia es la que crea.

Cuando nos asomamos al vacío del universo en busca de sus límites, o al mundo cuántico del átomo, el propio acto de mirar coloca ahí algo para que lo veamos. La previsión de que la conciencia va a ver algo, el *sentimiento* de que ahí hay algo que ver, es el acto que crea.

Más allá aún de las afirmaciones de John Wheeler, uno de los científicos más respetados de su tiempo, los textos antiguos ahondan en la idea de que con la observación creamos con un detalle asombroso, aunque a veces pasado por alto. Señalan que la calidad de nuestras creencias *mientras miramos* es la que determina lo que nuestra conciencia crea. En otras palabras, si vemos nuestro cuerpo y el mundo a través del cristal de la separación, el enfado, el dolor y el odio, el espejo cuántico nos devuelve reflejadas estas mismas cualidades en forma de enfado en el seno de la familia, enfermedad en el cuerpo y guerra entre las naciones. Si el sentimiento es la oración, como David y el abad aseguraban, cuando rezamos para que algo ocurra al tiempo que sentimos que eso mismo está ausente de nuestra vida, es posible que en realidad nos neguemos las propias bendiciones que esperábamos crear.

En cambio, si sabemos vernos desde la perspectiva de la unidad, el aprecio, la sabiduría y el amor, son estas cualidades las que podemos esperar que se nos reflejen en forma de familias y comunidades repletas de amor y ayuda mutua, así como de paz y cooperación entre las naciones. Imaginemos las posibilidades...

Utilizar lo que sabemos

Este principio de un universo neutral y participativo puede empezar a dar respuesta a la pregunta que tantas personas se hacen: «Si la plegaria tiene tanta fuerza, ¿por qué, por ejemplo, cuanto más rogamos por la paz más parece que empeoran las cosas?». Dejando de lado prejuicios y creencias, ¿es posible que lo que vemos como un mundo inestable y caótico sea simplemente el Campo, que refleja nuestra idea de que la paz está ausente en el mundo, el eco de nuestro «por favor, que haya paz en el mundo», que se nos devuelve en forma de caos? Si es así, la verdadera buena noticia es que

nuestra nueva comprensión de cómo funciona el espejo nos estimula a cambiar lo que le decimos al Campo.

Esta es la razón de que el modo de orar olvidado pueda aportarle tanto a nuestra vida. Se trate de una relación duradera, de un empleo perfecto o de la sanación de una enfermedad, el principio es el mismo. Lo que se nos recuerda es sencillamente que la *materia* que subyace en toda la creación es una esencia maleable que refleja lo que sentimos. De modo que lo que decidimos crear debemos sentirlo antes como real. Si sabemos sentirlo en el corazón —no solo pensar en ello, sino *sentirlo de verdad*—, será posible en nuestra vida.

En el caso de la paz, por ejemplo, sabemos que siempre existe y está presente en algún lugar. Lo mismo ocurre con la salud y la felicidad: siempre existen o han existido de una forma u otra en nuestra vida. La clave reside en pulir estas cualidades positivas de nuestra experiencia y contemplar el mundo como ya es, con aprecio y gratitud. De este modo abrimos la puerta a una mayor posibilidad. Ya hemos visto lo que ocurre cuando millones de personas rezan por la paz en el mundo. ¿Qué sucedería si millones de personas sintieran gratitud y aprecio por la paz que ya existe? Es evidente que merece la pena intentarlo.

Para algunos, se trata de una forma nada habitual de considerar su relación con el mundo; en cambio, para otros se ajusta perfectamente a sus creencias y experiencias pasadas. Estudios científicos avalan estos principios y han descubierto que cuando en un grupo de personas se alivia la tensión mediante la meditación y la plegaria, los efectos se sienten *más allá* del propio grupo.

En 1972, veinticuatro ciudades de Estados Unidos de más de diez mil habitantes experimentaron importantes cambios en sus comunidades gracias a la colaboración de tan solo un uno por ciento de la población (cien personas). Estos estudios y otros similares condujeron a otro de referencia: el Proyecto Internacional para la Paz en Oriente Medio, que se publicó en *The Journal of Conflict Resolution* en 1988.[6] Durante la guerra entre Israel y el Líbano de principios de los años ochenta, unos investigadores formaron a un grupo de personas para que *sintieran* la paz en su cuerpo en lugar de limitarse a pensar en ella o rezar para que llegara.

En determinados días del mes, y en momentos concretos de cada uno de esos días, los participantes se colocaban en zonas de guerra de todo Oriente Medio. Durante el intervalo de tiempo en que sentían la paz —que los investigadores denominaban la «ventana»—, cesaban los actos terroristas, disminuían los ingresos en urgencias y se reducían los accidentes de tráfico. Cuando aquellas personas dejaban de expresar esos sentimientos, las estadísticas se invertían. En el mismo momento en que un pequeño porcentaje de individuos alcanzaba la paz en sí mismos, esa paz se reflejaba en el mundo que los rodeaba.

En aquellos estudios se tuvieron en cuenta los días laborables, los festivos e incluso los ciclos lunares, y los datos eran tan consistentes que los investigadores pudieron determinar la cantidad de personas que han de compartir la experiencia de paz para que esta se refleje en su mundo. El número es la raíz cuadrada del uno por ciento de la población. La fórmula genera cantidades más pequeñas de lo que se pudiera pensar. Por ejemplo, en una ciudad de un millón de personas, solo se necesitarían unas cien. En un mundo de seis mil millones de habitantes, la cifra descendería a solo unas ocho mil. Esta cantidad únicamente representa el número necesario para iniciar el proceso. Cuantos más son los implicados, antes se produce el efecto.

Estos estudios y otros similares, evidentemente, requieren mayores análisis, pero demuestran que existe un efecto que trasciende del azar. La calidad de nuestras creencias más profundas influye sin duda en la de nuestro mundo exterior. Desde esta perspectiva, todo, desde la sanación de nuestro cuerpo hasta la paz entre los pueblos, pasando por el éxito en los negocios, las relaciones, el trabajo, el fracaso en el matrimonio y la ruptura de las familias, se debe considerar como un reflejo de nosotros mismos y del sentido que le damos a nuestras experiencias.

La existencia del Campo unitario, además de responder a nuestra pregunta anterior de «¿qué ocurre en el mundo?», nos invita a dar un paso más. Unida al conocimiento de la oración basada en el sentimiento, esta sabiduría antigua y moderna nos muestra lo que podemos hacer para mejorar las cosas. Si el mundo y nuestro cuerpo reflejan nuestros pensamientos, sentimientos, emociones y creencias, eso significa que con el sinfín de familias rotas, relaciones fracasadas, pérdidas de empleo y amenazas a la paz que hoy vivimos, el modo en que nos sintamos ante el mundo adquiere mayor importancia que nunca.

Resulta evidente que para que el espejo de nuestro mundo refleje lo positivo, estimule la vida y favorezca el cambio duradero, debemos proporcionarle algo con lo que trabajar. Y este algo lo hallamos en la relación sutil pero de gran fuerza existente entre el lenguaje de la oración y la Mente de Dios que une toda la creación. En lugar de intentar que el mundo ceda a nuestros deseos, la oración basada en el sentimiento *nos* cambia. Cedemos, y el mundo refleja de manera espontánea lo que mejoramos en nosotros.

Se trata de una idea que tal vez se sintetice de la mejor manera en las palabras del filósofo danés del siglo XIX Søren Kierkegaard: «La oración no cambia a Dios, pero sí a quien ora». Así pues, ¿cómo cambiamos nuestra forma de sentir los sufrimientos que nos trae la vida? Aquí es donde realmente empieza el trabajo.

El mundo es un espejo

Sin sesgos ni juicios, el espejo espiritual de la Mente de Dios es el que nos devuelve reflejado lo que somos debido a nuestros pensamientos, sentimientos, emociones y creencias. En otras palabras, las experiencias interiores de dolor y miedo, como las de amor y conmiseración, se convierten en el núcleo del tipo de relación con que nos encontramos en el trabajo, en nuestro grupo de amigos, en nuestras manifestaciones de abundancia e incluso en nuestra salud. La clave de esta forma de ver el mundo es que lo que *hacemos* como expresión externa de la vida incide menos que aquello en lo que *nos convertimos*: cómo *nos sentimos* ante lo que hacemos.

Para entenderlo mejor, veamos un ejemplo. Imaginemos que asistimos a un taller espiritual en el que se habla de los principios interiores del sentimiento, la emoción y la plegaria, así como del papel que todos ellos desempeñan en el mundo. Por circunstancias imprevistas, el taller se ha prolongado treinta minutos más de lo programado. Si salimos

disparados hacia el aparcamiento, y antes de encender las luces del coche salimos precipitadamente sin prestar atención, con tres movimientos bruscos y los consiguientes topetazos con otros tres vehículos, para luego enfilar la calle a toda velocidad, poniendo en peligro nuestra vida y la de otras personas al cruzarnos por los tres carriles porque llegamos tarde a una marcha por la paz, todo ello significa que no nos hemos enterado de nada.

Es posible que el conocimiento de este espejo sutil pero de inmensa fuerza nos pueda ayudar a comprender lo que parece que vivimos en el mundo actual. Con esta forma de mirar las cosas, lo que vemos en el cine, en los medios de comunicación y en el mundo que nos rodea es el reflejo de las creencias que hemos alimentado en nuestra familia y nuestra comunidad *en el pasado.*

Asimismo, los grandes ejemplos de amor, solidaridad y entrega que vemos en las guerras o los desastres naturales también son algo más que actos de unas pocas personas que realizan esfuerzos humanitarios en esas zonas devastadas. Son el reflejo de todo lo que se puede hacer cuando se halla la forma de ver más allá del dolor que la vida nos muestra. La fuerza de reconocer el mundo como reflejo de nuestras creencias es que esta relación, si realmente existe, ha de actuar sobre las creencias beneficiosas y también sobre las destructivas. De esta forma, todos formamos parte del cambio que quisiéramos ver en el mundo. La clave está en reconocer el lenguaje del cambio.

Capítulo dos

EL SEGUNDO SECRETO:
El dolor es el maestro; la sabiduría, la lección

Si haces que nazca lo que albergas en tu
interior, te salvará. Si no lo haces, te destruirá.

EVANGELIO DE TOMÁS

Al principio, las imágenes que aparecían en el televisor significaban muy poco para mí. El paisaje me era familiar, pero en las últimas semanas, las escenas gráficas de ese programa se habían vuelto muy habituales.

Un caos de personas de todas las edades corriendo en todas direcciones, sucias, quemadas y horrorizadas. Acababa de regresar a la habitación del hotel después de todo un día de clases en Sidney, y sintonicé las noticias para ponerme al día. Al acercarme un poco más a la pantalla, empecé a comprender lo que estaba viendo.

Los canales locales emitían un vídeo desde la escuela número 1 de Beslan, Rusia, con todas aquellas crudas imágenes.

Unos días antes, cientos de niños y adultos habían sido secuestrados por unos terroristas el primer día del nuevo curso escolar. Al final, las cifras de la tragedia fueron escalofriantes. De las aproximadamente mil doscientas personas retenidas en el gimnasio de la escuela, casi trescientas cincuenta fueron asesinadas. Más de la mitad de ellas eran niños, muertos sin ninguna razón aparente, aparte de las ideas sin sentido de un puñado de individuos airados.

Los detalles humanos que fueron apareciendo sobre las familias le daban perspectiva a aquel día. Casi todos los habitantes de la ciudad habían perdido a alguien querido o conocían a familiares de alguien que había sido asesinado. Muchos enterraron a más de un miembro de su familia. Uno de ellos, Vitally Kaloev, perdió a toda su familia: su mujer, su hijo y su hija. El pastor Teymuraz Totiev y su esposa enterraron a cuatro de sus cinco hijos: Boris, de ocho años; Albina, de once; Luba, de doce y Larissa, de catorce. La quinta, Madina, había resultado herida y se recuperaba en casa. En un trágico capricho del destino, el hermano de Totiev, también pastor, y su mujer perdieron a dos de sus tres hijos.

Como ocurrió con la pérdida abrumadora de vidas el 11 de septiembre en Nueva York, la magnitud de lo ocurrido en Beslan parecía que superaba la capacidad de comprensión de quienes lo contemplaban. Incluso personas cuya fe había sido tradicionalmente el muro de carga para otros en momentos de dificultades vieron cómo sus creencias se tambaleaban por la brutalidad de la tragedia.

Rowan Williams, arzobispo de Canterbury, admitió que la visión de la masacre de niños inocentes le hizo dudar por un momento de su fe en Dios. «¿Dónde estaba Dios en

Beslan?»,[1] se preguntaba. Con estas palabras, el arzobispo expresaba públicamente el dolor que muchos sentían en privado. Los medios de comunicación transmitían el impacto, la incredulidad y el sufrimiento de los habitantes de Beslan y hacían que otras personas del mundo los sintieran también. Aquel día, millones de corazones, mentes y oraciones estaban con el pueblo ruso y compartían la experiencia universal del dolor.

Sea a escala global, como en los casos de Beslan o del 11 de septiembre, o en nuestra vida personal, cómo abordar la pérdida y la tragedia es una cuestión que todos tendremos que responder a lo largo de la vida. La experiencia del dolor es universal, pero lo que hacemos con nuestro dolor, no.

Si dejamos que el dolor que nos provocan los desengaños y las pérdidas que sufrimos a lo largo de nuestro deambular por este planeta sigan irresueltos, pueden destruirnos la salud, la vida y las relaciones que más amamos. Si, en cambio, sabemos encontrar sabiduría en el dolor, seremos capaces de darles un nuevo significado a las experiencias más terribles. De este modo, nos hacemos mejores personas, para nosotros mismos, para nuestra familia y para nuestra comunidad. Así es como construimos un mundo más evolucionado.

¿Cuánto podemos soportar?

Hace siglos que se admite y reverencia el conocimiento de la fuerza que nos aguarda más allá de nuestro sufrimiento. Hace ya casi dos mil años, en el siglo II, se describía en los manuscritos de la biblioteca de Nag Hammadi con palabras que tienen hoy tanto sentido como lo tuvieron cuando fueron escritas. Entre los antiguos textos gnósticos hay pasajes que señalan que nuestra vulnerabilidad al sufrimiento es la puerta de acceso a la sanación y la vida. En el Evangelio de Tomás, uno de los textos recuperados más evocadores, el autor habla del poder de nuestra vulnerabilidad como parte de un sermón de Jesús: «Bienaventurado el que ha sufrido y ha hallado la vida».

En otro fragmento de aquellas enseñanzas, Jesús dice: «Lo que poseéis os salvará si hacéis que salga de vuestro interior».[2] En última instancia, el amor que habita en todos nosotros es la fuente de toda la sanación que experimentamos. Sin embargo, para sentir nuestro amor debemos ser vulnerables al dolor, que constituye un medio para reconocer la profundidad que pueden alcanzar nuestros sentimientos. La capacidad de sentir el dolor en nosotros mismos, y también la de sentir empatía por el de los demás, nos muestra lo intensamente que podemos amar. Dicho brevemente, el dolor es el precio que a veces pagamos por descubrir que ya poseemos el amor que necesitamos para sanarnos. En algunos momentos, el simple hecho de conocer la relación entre la sabiduría, el dolor y el amor es suficiente para catapultarnos al otro extremo del sufrimiento y a la sanación.

A medida que con el paso de las horas y los días se iba desvelando lo que había ocurrido en Beslan, el pueblo ruso se hacía una sola pregunta. Después del asalto terrorista al edificio del Ministerio del Interior en el que habían muerto noventa y dos personas, de las explosiones casi simultáneas de dos aviones comerciales pocos momentos después de asesinar a las noventa personas que iban a bordo y, ahora, de la muerte de más de trescientas cincuenta en Beslan, la gente de aquel país se preguntaba: «¿Cuánto dolor podemos soportar?». Según las antiguas tradiciones, la respuesta es breve, clara y contundente. Los grandes retos de la vida se nos plantean cuando, *y solo cuando*, disponemos de todo lo necesario para sobrevivir y sanarnos de la experiencia.

En todo el mundo, las madres han transmitido estas ideas, avaladas por el tiempo de generación en generación, en una sola frase, lúcida y reconfortante: «Dios nunca nos da más de lo que podemos soportar». En esta sencilla afirmación, se nos hace una promesa que ha superado la prueba del tiempo y que hoy la ciencia puede verificar. *Ya poseemos todo lo que necesitamos para sobrevivir a las pruebas a las que nos somete la vida.* Podemos encontrar consuelo e ideas en los libros de autoayuda, en revistas y seminarios, pero las herramientas espirituales que precisamos ya se encuentran en nuestro interior.

La respuesta a la pregunta «¿cuánto dolor podemos soportar?» puede parecer de una simplicidad decepcionante. La razón de que sea verdad requiere un poco más de explicación. Como suele ocurrir con los patrones, la naturaleza nos ofrece un modelo de cómo funcionan en nuestra vida las emociones y las experiencias.

El equilibrio: no todo es como está dispuesto

En la primera mitad del siglo XX, el naturalista R. N. Elliott señalaba que la naturaleza sigue patrones que se pueden reconocer, registrar y prever con números. Del auge y la caída de los pueblos a los ciclos del clima, sus teorías implicaban que la naturaleza tiende al equilibrio. Considerando la humanidad como una parte ella, Elliott pensaba que nuestra vida, incluido el modo que tenemos de invertir el dinero en la bolsa, también debería seguir unos patrones naturales, unos modelos que se pueden determinar y registrar visualmente. Aplicó con éxito sus teorías a los ciclos de los negocios y la economía, y su obra se convirtió en la base de las mejores herramientas de previsión bursátil de la historia, conocidas después como «teoría de las ondas de Elliott».

No debería sorprendernos, pues, que nuestra forma de emplear el dinero y, para el caso, cualquier otro patrón que sigamos en la vida, se pueda representar matemáticamente. Se cree que los números son el lenguaje universal que lo define todo, desde el origen de las galaxias hasta el remolino que forma la leche en la taza cuando la agitamos con una cucharilla. Siguiendo este razonamiento, también se entiende que los mismos procesos que describen el mundo visible de la naturaleza se pueden considerar *metáforas* del mundo invisible de los sentimientos y las emociones. Es el caso, precisamente, de la matemática fractal.

La geometría fractal, una innovación relativamente reciente en nuestra forma de describir el mundo, mezcla las matemáticas con el dibujo para demostrar visualmente lo que en el pasado solo se podía dar por implícito en las ecuaciones. Desde los picos escarpados de las montañas hasta los vasos sanguíneos, desde las líneas costeras hasta las partículas de la pelusa, los fractales permiten modelar gran parte de lo que vemos en la naturaleza. De esta forma, se nos transporta más allá del mundo a veces árido y estéril de los números sobre el papel, hasta el bello y misterioso territorio de esos números como lenguaje que ilustra nuestro mundo.

Una de las formas más reconocidas de los patrones fractales se conoce como la ecuación o el conjunto de Mandelbrot. Cuando esta ecuación viva, descubierta por

Benoit Mandelbrot a finales de los pasados años setenta, se pone en movimiento en la pantalla del ordenador, crece y evoluciona durante breves períodos como una serie hermosa y siempre cambiante de curvas, remolinos y lazos. De esta forma, ilustra el baile interminable entre el equilibrio y el caos de la naturaleza. Al observar cómo cambian los colores y los patrones de las imágenes simuladas, en realidad vemos una viva representación de cómo se desarrollan nuestras relaciones sentimentales en la vida.

Los patrones que aparecen y luego desaparecen representan las relaciones y los trabajos, así como las alegrías y las penas que vienen y van a lo largo de nuestra vida. Del mismo modo que las imágenes del ordenador muestran que el equilibrio solo puede producirse cuando todos los patrones se hallan en el lugar adecuado para que sea posible, solo experimentamos las mayores de las pruebas, y aceptamos los mejores dones, cuando todas las piezas se encuentran en el lugar preciso para que así ocurra. Como símbolo de una danza sin fin de opuestos —dar y tomar, contracción y expansión, dolor y sanación—, estas poderosas imágenes narran la historia de la naturaleza, en continua aproximación o alejamiento del equilibrio perfecto. Con ello, en las imágenes vemos lo que experimentamos en la vida real.

Solo cuando hemos aprendido todo lo que necesitamos, y en nuestra «caja de herramientas espiritual» disponemos de todos los medios para sobrevivir y sanar, podemos atraernos el amor romántico, los cambios de profesión, a los socios en los negocios y a las amistades a los que poder aplicar lo que hemos aprendido. Mientras no dispongamos de las herramientas adecuadas, nunca tendremos experiencia alguna. O, dicho de otro modo, si la vida nos muestra dolor, desengaño, pérdida y traición, es porque ya poseemos lo que necesitamos para vivir esas experiencias.

Lo importante es que el equilibrio no sea la meta, ya que lo que pensamos que es el equilibrio en realidad es el desencadenante que nos invita a cambiar. Así se ve en los fractales, al igual que en la vida. En la pantalla del ordenador únicamente cuando los patrones encuentran el equilibrio perfecto —solo cuando son iguales— comienzan a distinguirse, para evolucionar a patrones más nuevos de un equilibrio aun mayor. Parece que nuestra vida funciona exactamente de la misma forma.

Sin embargo, a diferencia de la corta vida de los fractales, el proceso de acumulación de herramientas necesarias en nuestra vida no tiene límites. Las imágenes digitales se rompen y se reagrupan en cuestión de minutos; en cambio, completar en nuestro interior un determinado ciclo puede costar meses, años, décadas y hasta toda una vida. En ese discurrir, nos podemos encontrar con que repetimos modelos, trabajamos en las mismas profesiones y tenemos la misma clase de amigos o parejas hasta que se nos enciende la luz, decimos «¡ajá!» y nos preguntamos *por qué hacemos lo que hacemos*.

¿Te has cuestionado alguna vez, por ejemplo, por qué eres capaz de iniciar un trabajo nuevo en otra ciudad, con compañeros diferentes y, sin embargo, te encuentras exactamente con las mismas situaciones que hicieron que dejaras el trabajo anterior? Los patrones no son necesariamente *buenos* ni *malos*: no interviene aquí ningún juicio de valor. Si descubres que desarrollas un patrón antiguo y conocido en un enclave nuevo, debes aprovechar lo que pueda decirte sobre la vida. Reconocer este tipo de situaciones te da la oportunidad de hacerte mejor persona.

En este sentido, la idea fundamental es que en la vida solo se nos puede *poner a prueba* cuando estamos preparados. Seamos o no conscientes de este principio, y sea lo que fuere lo que la vida nos depare, cuando nos encontramos con una *crisis* aguardándonos en la puerta, ya poseemos todo lo que necesitamos para resolver el problema, curar la herida y sobrevivir a la experiencia. Así debe ser, porque así funciona la naturaleza.

De la más alta de las alturas a la más profunda de las profundidades

Nadie es inmune a los ciclos de equilibrio y cambio. Con independencia de lo numerosa que pueda ser nuestra familia, de la cantidad de amigos que tengamos, de los libros que hayamos escrito o del éxito que hayamos cosechado en la vida, todos tenemos un percutor que nos invita a cambiar. Lo interesante es que al parecer cada uno posee su propio percutor exclusivo. Podemos pensar que hemos dispuesto la vida de forma adecuada, como algo que podemos regular y controlar, pero cada experiencia y cada relación nos forman y nos preparan para algo cuyo control se nos puede escapar.

De esta forma, nos acercamos aún más al momento en que se nos da la oportunidad de demostrar que sabemos imponernos a las traiciones, al abuso de confianza y a los problemas más arduos. Sin embargo, solo cuando hemos dispuesto la última herramienta espiritual que poseemos para alcanzar el equilibrio, demostramos nuestra preparación. «¡Vamos! Estoy listo. ¡Adelante!» Es solo entonces cuando estamos preparados para demostrarle al mundo lo que hemos aprendido.

Mientras no aprendamos, consciente e inconscientemente, de la experiencia, las pruebas que se nos presenten pueden ser tan sutiles que ni siquiera las reconozcamos como tales. Solo cuando nos percatamos de lo que las traiciones y las promesas incumplidas del pasado nos han enseñado, adquirimos la sabiduría y las destrezas con las que podemos reponer los patrones y avanzar en la vida.

El lama Surya Das, maestro budista pionero, autor de *El despertar del Buda interior* y *El tiempo de Buda*, habla de la fuerza que pueden tener en la vida los momentos de dolor y sufrimiento: «En toda vida hay alegrías y penas. Quisiéramos concentrarnos en las alegrías y olvidar las penas, pero ¡cuánta mayor destreza espiritual supone emplear todo lo que la vida nos ofrece como grano para el molino que nos ha de despertar!». A veces, ese «grano» de la vida nos llega de la forma menos esperada.

● ● ●

Durante la eclosión de las altas tecnologías de principios de los años noventa, Gerald (nombre figurado) era un ingeniero de Silicon Valley, California. Tenía dos hijas maravillosas y estaba casado con una mujer estupenda. Llevaban juntos casi quince años. Cuando lo conocí, su empresa acababa de concederle un premio en su quinto aniversario en la compañía como responsable del desarrollo de un *software* especializado. Su posición lo había convertido en un activo importante para la empresa, y la necesidad de sus conocimientos hacía que la típica jornada de ocho a cinco no tuviera sentido.

Para atender la demanda de sus conocimientos y habilidades, Gerald empezó a trabajar hasta muy tarde y también los fines de semana, y a viajar para asistir a ferias y exposiciones comerciales con su *software*. Al cabo de muy poco, se dio cuenta de que dedicaba mucho más tiempo a los compañeros del trabajo que a su familia. Pude ver en sus ojos el dolor cuando me explicaba cómo se fueron distanciando. Cuando Gerald llegaba a casa por la noche, su mujer y sus hijas estaban durmiendo, y él ya había vuelto a la oficina antes de que ellas iniciaran la jornada. Pronto empezó a sentirse como un extraño en su propia casa. Sabía más de las familias de sus colegas de la empresa que de la suya.

En ese punto fue donde su vida dio un giro espectacular. Ocurrió que vino a verme a una sesión de orientación en una época en la que yo escribía un libro en el que hablaba de que nuestras relaciones *reflejan* lo que es nuestra vida. Hace más de dos mil doscientos años, los autores de los Rollos del mar Muerto identificaron siete patrones concretos que podemos esperar en la interacción con otras personas. A medida que Gerald desgranaba su historia, resultaba evidente que hablaba de uno de ellos, reflejo de nuestro mayor temor y conocido habitualmente como la *noche oscura del alma*.

Entre los ingenieros de la compañía de Gerald había una joven programadora de gran talento, una mujer de más o menos su misma edad. Tenía que trabajar con ella en tareas que a veces se prolongaban varios días y que los llevaban a ciudades de todo el país. Pronto sintió que conocía mejor a aquella mujer que a su esposa. En ese momento de la historia, pensé que sabía cómo iba a acabar. Lo que no sabía era por qué Gerald se sentía tan molesto, ni lo que estaba a punto de sucederle.

Al poco tiempo, pensó que estaba enamorado de su compañera de trabajo, y decidió abandonar a su familia y empezar una nueva vida con ella. En aquel momento, fue una decisión perfectamente lógica, porque los dos tenían mucho en común. Pero al cabo de pocas semanas su nueva compañera fue trasladada a Los Ángeles. Pidiendo diversos favores, Gerald consiguió que lo trasladaran al mismo lugar.

Inmediatamente, las cosas empezaron a ir mal, y Gerald descubrió que con el cambio había perdido más de lo que había ganado. Los amigos que desde hacía tanto tiempo compartía con su mujer se alejaron, y perdió el contacto con ellos. Sus compañeros de trabajo pensaban que estaba loco por dejar el puesto y los proyectos en los que tanto había trabajado. Incluso sus padres estaban enfadados con él porque había roto con la familia. Estaba atravesando por una situación que le dolía, pero pensaba que era el precio que debía pagar por el cambio. Había iniciado una vida nueva fantástica. ¿Qué más podía pedir?

Entonces fue cuando entraron en escena el espejo del equilibrio y la noche oscura del alma. Justo cuando parecía que todo se iba aquietando y poniéndose en su sitio, Gerald descubrió que en realidad todo se le venía abajo. En unas semanas, su nuevo amor le anunció que su relación no era lo que había esperado. La cortó de repente y le pidió que se fuera. Y Gerald se encontró sin nadie, solo y desolado. «¿Cómo ha podido hacerme esto, después de todo lo que hice por ella?», se lamentaba. Había abandonado a su mujer, a sus

hijas, a sus amigos y su trabajo. En pocas palabras, había dejado todo lo que amaba.

Pronto empezaron los problemas laborales. Después de varias advertencias y de resultados nada positivos en las pruebas de productividad, su departamento acabó por despedirlo. Con todo lo que me iba contando, estaba claro lo que había sucedido realmente: su vida había ido desde las más elevadas alturas, con todas las perspectivas de un nuevo amor, hasta la mayor de las profundidades, cuando todos aquellos sueños se desvanecieron. La noche en que Gerald vino a verme, me repetía la misma pregunta una y otra vez: «¿Qué ha pasado? ¿Por qué algo que parecía tan bueno resultó ser tan malo?».

Nuestra noche oscura del alma: reconocer el percutor

Cuando lo conocí, Gerald había perdido todo lo que amaba. La razón de que así ocurriera es la clave de esta historia. En lugar de renunciar a todo lo que amaba *porque* se sentía saturado y quería avanzar, tomó la decisión solo cuando pensó que había algo mejor que lo podía sustituir. En otras palabras, jugó a lo seguro. Por miedo a no encontrar nada mejor, siguió físicamente con su familia mucho después de que la hubiera abandonado emocionalmente. Hay una diferencia sutil pero importante entre dejar el trabajo, a los amigos y las personas queridas porque estamos saturados y seguir con ellos por miedo a que no haya nada más para nosotros.

En todo tipo de relación puede existir la tendencia a aferrarse a ella hasta que se vislumbra algo mejor. La razón de este apego puede estar en que somos inconscientes de lo que hacemos, o tal vez en el miedo a que se nos vuelque la barca y tener que enfrentarnos a la incertidumbre de no saber qué va a ocurrir a continuación. Es posible que represente un patrón del que no seamos conscientes, pero, pese a todo, es un patrón. Se trate de un empleo, de un amor o de un modo de vida, podemos encontrarnos sumergidos en un patrón en el que no seamos realmente felices y del que, sin embargo, nunca hayamos hablado con las personas que forman parte de nuestra vida. De modo que, aunque el mundo piense que las cosas nos van como siempre, en nuestro interior podemos estar pidiendo a gritos el cambio y sintiéndonos frustrados porque no sabemos cómo compartir esta necesidad con las personas más allegadas.

Este es un patrón que genera negatividad. A veces, nuestros verdaderos sentimientos se disimulan en forma de tensión, hostilidad o, en algunos casos, carencia de una relación amorosa. Todos los días pasamos por las rutinas del trabajo, o compartimos la vida y el hogar con otra persona, mientras emocionalmente estamos alejados y en otro mundo. El problema puede ser con nuestro jefe, con nuestra pareja o incluso con nosotros mismos, pero siempre lo racionalizamos, nos resignamos y esperamos. Y luego, un día, ¡bum!, ocurre. Como salido de la nada, de pronto aparece aquello que estábamos esperando y añorando. Y cuando lo hace, es posible que nos lancemos sobre ello como si no hubiera mañana.

En el caso de Gerald, cuando se mudó a otra ciudad con su nueva relación, dejó sin resolver un vacío en el que su mundo se derrumbó. Y ahora, después de haber perdido todo lo que amaba, estaba sentado frente a mí, con las lágrimas cayéndole por las mejillas.

—¿Cómo puedo recuperar mi trabajo y a mi familia? Dime qué tengo que hacer.

Le di la cajita de pañuelos que tengo en una mesa para ocasiones como esa, y le dije algo que lo pilló completamente desprevenido.

—En este momento de tu vida no se trata de recuperar lo que has perdido —le dije—, aunque es posible que eso sea lo que te ocurra. Lo que te has creado va mucho más allá de tu trabajo y tu familia. Has despertado una fuerza interior que se puede convertir en tu mejor aliado. Cuando has pasado por esta experiencia, posees una confianza inquebrantable. Has iniciado un proceso que los antiguos llamaban «la noche oscura del alma».

Gerald se enjugó las lágrimas y se acomodó mejor en la silla.

—¿Qué es eso de la noche oscura del alma? —preguntó—. ¿Cómo es que nunca oí hablar de ella?

—La noche oscura del alma es un momento de la vida en que te ves arrastrado a una situación que, para ti, encarna tus temores más agudos —respondí—. Son momentos que suelen llegar cuando menos te lo esperas y, por lo general, sin avisar. La cuestión es que solo puedes entrar en esta dinámica cuando tu dominio de la vida anuncia que estás preparado. Entonces, justo cuando parece que la vida es perfecta, el equilibrio que has logrado es la señal de que estás listo para el cambio. El señuelo del cambio será algo que ansíes, algo a lo que sencillamente no te puedes oponer. De lo contrario, nunca darías el salto.

—¿Te refieres a que el señuelo puede ser un nuevo amor? —preguntó Gerald.

—Exactamente, un nuevo amor –repliqué–. Una relación es el tipo de catalizador que promete que vamos a progresar en la vida.

Y pasé a explicarle que, aunque sabemos que somos perfectamente capaces de sobrevivir a lo que la vida nos ponga en el camino, no es propio de nuestra naturaleza despertarnos una mañana y decir: «Bueno... creo que hoy voy a abandonar todo lo que quiero y aprecio para entrar en mi noche oscura del alma». No funcionamos así. Como tan a menudo ocurre, las grandes pruebas de nuestra noche oscura del alma aparecen cuando menos lo esperamos.

Hace unos años, me encontré con un amigo que acababa de dejar su trabajo, su familia, sus amigos y su pareja en su estado natal para trasladarse a lo más inhóspito del norte de Nuevo México. Le pregunté por qué había dejado atrás tantas cosas para aislarse en aquel desierto. Lo primero que me dijo fue que había ido a las montañas en busca de un camino espiritual. A continuación, me explicó que no había sido capaz de iniciar su camino, porque nada le fue como debería haberle ido. Tenía problemas en el trabajo, la familia, los amigos y la pareja que había abandonado. Su frustración era manifiesta.

He descubierto que en la vida no existen los accidentes, y que todos los obstáculos con que nos encontramos forman parte de un patrón mayor. Mientras escuchaba su historia, el deseo de mi *ser cerebral* de resolver los problemas me instaba a darle mi opinión.

—Tal vez este *sea* tu camino espiritual –sugerí–. Quizá la forma que tienes de resolver todos los problemas sea el camino que has venido a buscar.

Se volvió y dijo, simplemente:

—Sí... tal vez.

La posibilidad de que la vida nos traiga exactamente lo que necesitamos y en el preciso momento en que lo necesitamos es de una lógica aplastante. Del mismo modo que no se puede llenar de agua el vaso si no se abre el grifo, la posesión de una caja de herramientas emocional es el percutor que hace que el grifo de la vida propicie el cambio. Mientras no lo abrimos, nada puede ocurrir. El otro aspecto de esta dinámica es que cuando realmente nos encontramos en la noche oscura del alma, nos puede reconfortar saber que la única forma de que pudiéramos llegar a esa situación en la vida es que fuimos *nosotros* quienes abrimos el grifo. Conscientes o no, siempre estamos preparados para lo que la vida nos pueda deparar.

Nuestros mayores miedos

La finalidad de la noche oscura del alma es que vivamos nuestros propios grandes temores y nos libremos de ellos. Lo interesante es que cada uno tiene sus propios miedos, y lo que a uno le pueda parecer la experiencia más aterradora, para otro puede carecer de importancia. Por ejemplo, Gerald admitía que su mayor miedo era quedarse solo. En cambio, aquella misma tarde, había hablado con una mujer que me dijo que su mayor alegría era «estar sola».

No es raro que alguien que teme estar solo se convierta en maestro de unas relaciones en las que ese miedo esté presente. Gerald, por ejemplo, hablaba de amores, amistades y empleos del pasado que nunca hubieran podido durar. En todos ellos, cuando acababan, pensaba que las relaciones habían «fracasado». En realidad, el éxito de esas relaciones fue tanto que todas le permitieron ver cómo se desvanecía su mayor miedo, el de quedarse solo. Sin embargo, como nunca se había curado antes, y ni siquiera había reconocido los patrones de su vida, se encontraba en situaciones en las que el miedo perdía intensidad y sutileza. Al final, la vida lo llevó al punto en que su temor era tan evidente que para poder avanzar tenía que ocuparse de él.

. . .

A lo largo de la vida podemos pasar por muchas noches oscuras del alma, pero normalmente la primera es la más dura. Lo más probable es que también sea la agente del cambio de mayor fuerza. Cuando comprendemos *por qué* sufrimos tanto, la experiencia empieza a adquirir un nuevo sentido. En el momento en que reconocemos las señales que advierten de una noche oscura del alma, podemos decir: «¡Ajá! Conozco este patrón. Eso es, ahí está una noche oscura del alma. ¿Qué es lo que ahora debo dominar?».

Conozco a personas que, después de superar las experiencias de una noche oscura del alma, adquieren tanta fuerza que casi retan al mundo a que les traiga la siguiente. Y lo hacen sencillamente porque saben que si sobrevivieron a la primera, pueden superar cualquier cosa. Solo cuando vivimos estas experiencias sin comprender qué son ni por qué las vivimos nos podemos ver atrapados años y años, incluso toda la vida, en un patrón que nos puede robar literalmente lo que más amamos, por ejemplo, la propia vida.

¿Es posible que heridas no cerradas nos puedan acortar la vida, y hasta acabar con ella? Tal vez te sorprenda la respuesta.

¿Por qué morimos?

¿Te has preguntado alguna vez por qué morimos? Al margen de razones obvias como las guerras, los asesinatos, los accidentes, los desastres naturales y un modo de vida insano, ¿cuál es la verdadera causa natural de que los humanos fallezcamos? Si, como señalan las tradiciones espirituales, somos el espíritu de Dios en cuerpos terrenales y si, como piensa la ciencia médica, nuestras células pueden curarse y regenerarse muchas veces, ¿cuál es la causa del *deterioro* de nuestro cuerpo? ¿Qué ocurre para que la probabilidad de seguir con una vida sana, activa y significativa parece que se nos pone en contra cuando superamos la *mediana edad* y nos apresuramos a alcanzar la meta de los cien años?

He hecho esta pregunta a menudo en talleres que he dirigido por todo el mundo. Una vez reconocidas las razones antes apuntadas, casi de inmediato la gente me dice que la *vejez* es la que nos arrebata la vida. «Sencillamente nos hacemos viejos, y todo deja de funcionar» es la respuesta habitual que oigo. A primera vista, parece que los estudios médicos sobre la muerte lo corroboran.

Se trata de una idea que donde mejor se resume sea quizá en la primera frase de un artículo de la *General Health Encyclopedia* titulado «Con la vejez cambian los órganos, los tejidos y las células», y que afirma: «La mayoría de las personas perciben que, con la edad, los órganos vitales empiezan a perder fuerza y regularidad».[3] Confieso que yo puedo no estar en esta mayoría. De hecho, cuanto más estudio cómo está hecho nuestro cuerpo y cómo funciona, más me convenzo de que en el envejecimiento interviene algo más, algo para lo que el modelo médico actual no halla una explicación.

Más adelante, en ese mismo artículo, otra afirmación abre la puerta a esta misma posibilidad. El autor reconoce que las razones de que el cuerpo degenere al envejecer no se comprenden del todo: «Ninguna teoría explica por completo todos los cambios que se producen en el proceso del envejecimiento». En otras palabras, aún no sabemos realmente por qué razón exacta nos deterioramos a medida que pasa el tiempo. Todos sin excepción nos iremos de este mundo en un momento u otro, pero ¿es posible que las razones normalmente aceptadas del envejecimiento, el dolor y la muerte se nos queden cortas?

Somos un milagro dispuesto para que perdure

Científicos, profesionales de la medicina y estudiosos convienen, todos, en que nuestro cuerpo posee una capacidad milagrosa de albergar la vida. De los aproximadamente cincuenta mil billones de células que se calcula que habitan en el cuerpo humano medio, de la mayoría se sabe —y está documentado— que son capaces de repararse y reproducirse muchas veces a lo largo de nuestra vida. En otras palabras, nos estamos sustituyendo y reconstruyendo constantemente, de dentro hacia fuera.

Al parecer, el fenómeno de la reproducción celular tiene dos excepciones. Y lo interesante es que se trata de las células de dos centros que son los que más estrechamente se relacionan con las cualidades espirituales que nos hacen ser lo que somos: las células del cerebro y las del corazón. Los estudios demuestran que las células de estos órganos *tienen la capacidad* de reproducirse, pero también parece que son tan resistentes que pueden durar toda la vida sin necesidad de hacerlo.

El ser humano da una imagen de extrema complejidad, pero en realidad nuestros órganos, huesos y demás tejidos están compuestos mayoritariamente de cuatro elementos: hidrógeno, nitrógeno, oxígeno y carbono. Lo paradójico es que se trata de los cuatro elementos más abundantes del universo. Estamos hechos literalmente de la misma materia que forma las estrellas y las galaxias. Resulta evidente que, en lo que se refiere a los componentes con los que se construye nuestro cuerpo, parece que no hay escasez de materia prima. Así pues, ¿de qué morimos?

Salvo por el mal uso de medicamentos y por diagnósticos equivocados, el mayor peligro para la vida de las personas mayores de sesenta y cinco años son las enfermedades cardíacas. Las estadísticas al respecto me parecen fascinantes, debido al trabajo que el corazón realiza continuamente. El corazón humano medio palpita aproximadamente cien mil veces al día, lo que equivale a dos mil quinientos millones de veces al año, y bombea entre cinco y seis litros de sangre través de unos veinte mil kilómetros de arterias, vasos y capilares cada veinticuatro horas. Parece que el corazón incide tanto en quiénes somos y en lo que llegamos a ser en la vida que es el primer órgano que se forma en el útero materno, antes incluso que el cerebro.

En términos de ingeniería, el éxito de todo un proyecto depende de un único componente, y a esa pieza se le concede el estatus de *decisiva para la misión*. En los programas espaciales, por ejemplo, cuando hay que poner un vehículo en Marte sin nadie ahí que pueda arreglarlo en caso de avería, los ingenieros, para asegurar el éxito de la misión, tienen dos opciones: construir esa pieza del vehículo de la que depende toda la misión —la *pieza decisiva*— con tal precisión que no se pueda averiar, o bien elaborar un plan B con el que poder sustituirla en caso necesario. En algunos casos, se curan en salud y llevan a cabo ambos planes.

Es evidente que el órgano milagroso que aporta sangre a todas las células del cuerpo se ha desarrollado, por un diseño consciente o por procesos naturales, para ser nuestra pieza *decisiva para la misión* más duradera y autoterapéutica. Siempre que la pérdida de algún ser querido se atribuye al *fallo* de ese magnífico órgano, nos hemos de preguntar qué le ha ocurrido *realmente* a esa persona. ¿Por qué el órgano que primero se desarrolla en nuestro cuerpo, de un rendimiento *tan* impresionante y *tan* prolongado, con unas células que aguantan *tanto* que ni siquiera necesitan reproducirse, simplemente deja de funcionar al cabo de solo unas décadas? No tiene sentido, a menos que intervenga otro factor que no hayamos considerado.

La medicina moderna suele atribuir las enfermedades del corazón a diversos factores físicos y de estilo de vida, que van desde el colesterol y la dieta hasta las toxinas medioambientales y el estrés. Es posible que tales factores incidan en un nivel puramente químico, pero apenas pueden explicar siquiera por qué existen. ¿Qué significa realmente un *fallo cardíaco*?

Tal vez no sea casualidad que todos los factores de estilo de vida relacionados con el fallo cardíaco lo estén también

con una fuerza invisible que las culturas espirituales antiguas describen como el poderoso lenguaje que le habla al propio universo: el sentimiento humano. ¿Existe algo que *sintamos* en el transcurso de la vida y que, a algunos, nos pueda llevar al catastrófico fallo del órgano más importante de nuestro organismo?

Dolores que matan

La respuesta a la pregunta de qué es lo que acaba con nuestra vida puede parecer sorprendente. Se acumulan las pruebas aportadas por los más insignes investigadores que apuntan a que la propia vida lleva al fracaso del cuerpo. Concretamente, son los sentimientos negativos no resueltos —*nuestras heridas*— los que tienen el poder de crear las condiciones físicas que reconocemos como enfermedad cardiovascular: tensión, inflamación, presión sanguínea alta y arterias obstruidas. Un reciente estudio pionero realizado en la Universidad Duke y dirigido por James Blumenthal documentó esta relación entre la mente y el cuerpo.[4] Blumenthal identificó las experiencias prolongadas de miedo, frustración, ansiedad y desengaño como ejemplos del tipo de sentimientos especialmente negativos que son perniciosos para el corazón y nos ponen en peligro. Todos forman parte de un ámbito de mayor alcance al que comúnmente llamamos «dolor».

Otros estudios avalan esta relación. El médico Tim Laurence, fundador del Instituto Hoffman de Inglaterra, habla del impacto potencial de nuestra incapacidad de curar y perdonar lo que él denomina «las viejas heridas y desengaños»: «Como mínimo —asegura— nos aleja de la buena salud».[5] Basa esta afirmación refiriéndose a una serie de estudios que demuestran, como hizo Blumenthal, que los estados de enfado y tensión pueden generar diversos problemas, entre ellos presión sanguínea alta, dolor de cabeza, menor inmunidad, problemas de estómago y, por último, ataques cardíacos.

Lo que demostró el estudio de Blumenthal fue que enseñar a la gente a *atenuar* sus reacciones emocionales ante determinadas situaciones de la vida puede prevenir el infarto. Y de ahí precisamente que debamos curar nuestras heridas. Las fuerzas no físicas de aquello que nos duele crean unos efectos físicos que poseen literalmente el poder de hacernos daño, o incluso de acabar con nuestra vida.

Resulta evidente que ese estudio y otros similares no apuntan a que sea perjudicial albergar sentimientos negativos pasajeros. Cuando los tenemos, son un indicador, un dispositivo personal, que nos dice que ha ocurrido algo que hay que atender y curar. Solo cuando ignoramos estos sentimientos y dejamos que se prolonguen meses, años o toda una vida sin resolverlos, se pueden convertir en un problema.

¿Es posible que la respuesta a la pregunta de por qué morimos sea que, con el dolor de los desengaños que sufrimos a lo largo de nuestra vida, nos herimos de muerte? Al hablar de esta posibilidad, el estudio de Blumenthal señala: «Tal vez cuando la gente dice que alguien muere porque se le ha roto el corazón, en realidad se refiere a que las intensas reacciones emocionales a la pérdida y el desengaño pueden provocar un ataque cardíaco fatal». En el lenguaje que empleaban en su tiempo, las antiguas tradiciones apuntan exactamente a esta posibilidad.

Los primeros cien años son los más duros

¿Por qué, pues, la edad humana máxima ronda los cien años? ¿Por qué no doscientos y hasta quinientos? Si creemos en las palabras de la Torá y del Antiguo Testamento, en la antigüedad muchas personas contaban su vida en siglos, y no en décadas como hacemos hoy. Se dice, por ejemplo, que Adán vivió novecientos treinta años, Matusalén novecientos sesenta y nueve, y Noé novecientos cincuenta.

Según esos textos, aquellos hombres no eran simples cáscaras resecas de lo que en su día fueron, ancianos que se limitaban a sobrevivir penosamente y a aferrarse al frágil hilo de la vida. En edades avanzadas, eran personas activas y vitales que disfrutaban de su familia y hasta iniciaban otras nuevas. ¿Y por qué no? Es evidente que vivimos en un cuerpo construido para durar. En la Torá se afirma que Noé vivió trescientos cincuenta años después del diluvio. Si murió a los novecientos cincuenta años, quiere decir que a los seiscientos años gozaba de salud y vitalidad suficiente para construir el arca que aseguraría la supervivencia de todo el género animal y humano.

Si hubo un tiempo en que las personas vivían más y con mejor salud, ¿qué ha ocurrido para que ya no sea así?, ¿qué ha cambiado? En innumerables textos y en tradiciones espirituales se nos recuerda que somos espíritus que se expresan a través de cuerpos. Y los cuerpos, aunque están compuestos de los elementos del universo, nacen gracias a nuestro espíritu. *Cuando nos duele el alma, el dolor se nos transmite al cuerpo como la cualidad espiritual de la fuerza vital con que alimentamos a cada una de las células.*

¿Es posible que los aproximadamente cien años en que fijamos la duración de la vida humana en realidad sea el límite de lo que el cuerpo puede soportar el dolor no resuelto del alma? ¿Es que un siglo es el tiempo que podemos aguantar las tristezas y frustraciones de la vida antes de que se apoderen de nosotros? Todos podemos atestiguar el dolor que nos produce que desaparezcan de nuestra vida personas que queremos, animales por los que sentimos mucho cariño y experiencias que siempre nos han acompañado. ¿Es posible que toda una vida de pérdidas, desesperanzas y traiciones pueda estropear e inutilizar incluso nuestro órgano más fuerte y duradero: el corazón? ¿O tal vez nuestra herida es aún más antigua y profunda?

Además de estas fuentes de dolor evidentes, quizá haya otra no tan obvia, pero de tanta envergadura y tan universal que nos cueste hasta imaginarla. En todas las culturas y sociedades, las historias sobre la creación afirman que para convertirnos en espíritus individuales en nuestro cuerpo debemos *romper* con una familia espiritual colectiva más amplia. Al mismo tiempo, uno de los temores universales más profundos es precisamente el de estar solo y aislado.

Es posible que la gran herida oculta en todas las demás sea el dolor por la separación de una existencia más grande. De ser así, tal vez añoremos tanto a nuestra familia espiritual superior que para llenar el vacío intentamos recrear un sentido de unidad mediante los núcleos familiares más pequeños en que nos constituimos en la Tierra. No es extraño, pues, que la pérdida de algún miembro de estos núcleos nos resulte tan devastadora. Nos sumerge de nuevo en el dolor de la herida primigenia.

Lo que sume a muchas personas en las circunstancias que las llevan a los mayores sufrimientos es el deseo de *aferrarse* a su familia, sus relaciones y los recuerdos de sus experiencias pasadas. Cuando se lamentan por aquello que nunca más podrán tener y por las personas que añoran, el alcohol y las drogas se convierten a menudo en el anestésico socialmente aceptable para sofocar ese profundo dolor del alma.

Si sabemos encontrar la forma de apreciar el tiempo que compartimos con todas las personas que queremos y la manera de sentirnos bien por lo que vivimos cuando ese tiempo concluye, habremos dado un paso gigantesco hacia la mayor de las sanaciones. Desde este punto de vista, los mismos principios por los que nos herimos de muerte funcionan también en sentido inverso: nos ofrecen el poder curativo de la vida, una llave que parece que guarda relación con cómo nos sentimos ante lo que la vida nos muestra.

Todas estas son posibilidades en las que pensar, pero lo que sí sabemos con seguridad es lo siguiente: existe un potencial biológico para que el cuerpo dure mucho más, y para que vivamos una vida más sana y rica que la que al parecer vivimos en la actualidad. Sin embargo, parece que además de los elementos físicos de nuestro cuerpo, en la fórmula de la longevidad falta algo. Lo podemos llamar como nos plazca, pero al parecer ese *algo* es la fuerza espiritual que alimenta al cuerpo. En el lenguaje de otra época, los antiguos nos dejaron instrucciones sobre cómo nutrir a esta fuerza vital de la que toda vida depende. Sus conocimientos nos pueden capacitar para transformar el sufrimiento experimentado en sabiduría curativa. Para vivir más tiempo, con mejor salud y más vitalidad, debemos comprender las heridas que nos produce la vida.

Para amar tenemos que sentir

Experiencias modernas han redescubierto esa fuerza de la sabiduría, de la belleza y de la oración de la que hablan tantas culturas antiguas. Como veíamos en la introducción, por ejemplo, el tema subyacente en los conocimientos de los navajos se basa en la comprensión de la relación entre el dolor del mundo exterior, y el amor y la sabiduría de nuestro corazón. El dolor, la sabiduría y el amor, aunque son experiencias completamente distintas, parece que están estrechamente unidas por un vínculo extraño y tal vez inesperado.

En el dolor se nos desvela nuestra capacidad de sentir: cuanto más profundo es el dolor, más fuerza tiene el sentimiento. En nuestros sentimientos de dolor más profundos, descubrimos toda nuestra capacidad de amar. Al parecer, el perdón también va unido directamente a nuestras penas. Cuanto mayores son estas, explica Tim Laurence, también mayores son los beneficios del perdón. *Desde esta perspectiva, podemos considerar que el dolor es el barómetro que mide nuestra capacidad de amar, y no un castigo por las decisiones que tomamos.* Esta sutil relación es la que demuestra la fuerza que muchas culturas describen como el *pegamento* que mantiene unido el mundo: la fuerza de nuestro amor. En nuestra capacidad de amar hallamos nuestra mejor sanación.

Es casi como si viniéramos a este mundo y nos sometiéramos a pruebas que personas racionales y afectuosas son incapaces de imaginar. En el transcurso de nuestras relaciones, empleos, pérdidas y fracasos, llegamos hasta el límite de lo que creemos que somos. Y siempre haciéndonos las mismas preguntas: «¿Podemos amar ante estas experiencias? ¿Podemos amar en presencia de inimaginables atrocidades que se justifican por el color de la piel o por el Dios en el que se cree? ¿Podemos amar en un mundo donde otros intentan acabar con lo que no comprenden, y eliminar a pueblos enteros de la faz de la Tierra?».

Todos hemos sufrido la pérdida de seres queridos que un día estaban con nosotros y, de repente, desaparecieron de nuestra vida. Hemos visto a otros sufrir enfermedades que ninguna criatura debería tener que soportar jamás. Cuando esos seres queridos se van, nos preguntamos: «¿Podemos amar mientras sufrimos el dolor de su ausencia?». Nuestro amor se ve sometido a menudo a pruebas que nunca elegiríamos conscientemente o que nunca hubiésemos imaginado. Cada vez que la vida nos pregunta si aún podemos seguir amando, la respuesta es la misma: un *sí* enorme y sonoro, porque a pesar de todo, seguimos vivos.

No importa que lo llamemos por el mismo nombre o que sencillamente vivamos lo que significa para nuestra vida: el amor es lo que nos sustenta. Nos lleva por los momentos difíciles y por los buenos tiempos, y nos promete que siempre sanaremos de las peores heridas que la vida nos pueda infligir. La clave ancestral que hace que el amor nos cure es dejar que entre en nuestra vida. Para ello, hemos de hallar la manera de convertir las mayores heridas en nuestra más profunda sabiduría.

Convertir el dolor en sabiduría

Como parte de un proceso natural, las experiencias de *dolor* y *sabiduría* están estrechamente relacionadas. El dolor procede de nuestra forma de *interpretar las experiencias*; en cambio, cómo nos sintamos ante lo ocurrido cambia el foco de nuestra atención en el proceso. Cuando una experiencia nos produce tanto dolor que es más fácil negarla, olvidarnos de ella o de algún modo evitarla que enfrentarnos a ella sin reservas, podemos quedarnos atascados en nuestros sentimientos. Sin embargo, todos albergamos en nuestro interior el poder de transformar el dolor, proceda de donde proceda, en su forma de sabiduría curativa. Aunque la experiencia que originariamente provocó el dolor sigue inmutable, en nuestra forma de sentir el sufrimiento es donde encontramos la fuerza.

A primera vista, parece que esta interpretación nos pide simplemente que pasemos por todas esas experiencias, simulando un sentimiento nuevo sobre lo que nos suceda en la vida. Sin embargo, un análisis más profundo revela que los antiguos comprendían, y aplicaban, un principio sutil e inmemorial que la ciencia occidental solo ha reconocido recientemente. Este principio indica que el mundo que nos rodea es un espejo vivo: el tejido cuántico que refleja los sentimientos que viven dentro de nosotros. Más en concreto, los patrones de la salud de nuestro cuerpo, el apoyo de nuestra familia y de nuestra comunidad, y la paz de nuestro mundo suelen ser un reflejo de nuestras convicciones más profundas. Esta relación entre creencia y experiencia la avalan actualmente con fuerza las teorías más recientes de la física del siglo XXI.

Parece que se trata de un principio válido tanto para las creencias que consideramos *negativas* como para las que tenemos por *positivas*. Hoy está demostrado que los sentimientos que estimulan la vida, como la gratitud, la misericordia y el amor, generan condiciones favorables para ella, por ejemplo una menor presión sanguínea, la liberación de hormonas *beneficiosas* y mejores respuestas inmunitarias. De modo similar, está demostrado que los sentimientos contrarios a la vida, como el enojo, el odio, los celos y la cólera, fomentan condiciones desfavorables, como arritmias cardíacas, deficientes reacciones inmunitarias y mayores niveles de hormonas del estrés.

Así pues, tal vez no deba extrañarnos descubrir que en la propia sutileza de este principio hallemos también la llave de la que muchos creen que es la mayor fuerza individual de la creación. En su búsqueda de la verdad de la vida, Gurdjieff fue a parar a un remoto y recóndito monasterio, en un país que no desvela, donde le invitaron a permanecer hasta que hubiese despertado una gran fuerza en su interior. «Quédate —le dijo el maestro— hasta que adquieras una fuerza que nada puede destruir». Creo que esa fuerza era el amor, la sabiduría y la misericordia, una fuerza que nace de la sanación del dolor. La clave que le da un sentido nuevo a aquello que nos duele es la misma que nos permite ir más allá de nuestros juicios sobre la vida. Es el poder ancestral de la bendición.

Capítulo tres

La bendición es lo que libera

Más allá de las ideas sobre lo que está bien y lo
que está mal, hay un campo. Allí te encontraré.

RUMI

Las antiguas tradiciones señalan que la única diferencia entre los ángeles de los Cielos y los de la Tierra es que los primeros recuerdan que son ángeles. Cuando amamos, a menudo observamos que lo hacemos con la entrega y la inocencia del ángel. Es esta misma entrega la que nos genera dolor. Es por nuestra inocencia por lo que nos podemos sentir tan profundamente heridos.

Si, en realidad, todos somos ángeles, poseemos una fuerza extraordinaria. Nuestra ira y nuestra cólera, como el amor y la misericordia, son testigos incuestionables de ello. Estos sentimientos nos muestran lo profundamente que somos capaces de sentir, y cuánta energía, positiva o negativa, podemos dirigir hacia aquello que nos apasiona.

Cuando en las calles de cualquier país veo a gente furiosa que aniquila y destruye aquello mismo que más le importa, pienso: «¡Ángeles airados!». Creas o no que somos ángeles, la realidad es que hay algo en nosotros que nos permite herir emocionalmente de un modo que no parece que tenga equivalente en otras criaturas. Cuando nos sentimos heridos, la clave de la sanación es la bendición.

· · ·

A veces, la vida pone en entredicho las creencias hasta de las personas más afables y piadosas. El arzobispo de Canterbury, al reflexionar sobre su fe en Dios después de la tragedia de la escuela número 1 de Beslan en 2004, decía: «Cuando observas la profunda fuerza con que las personas pueden provocar tanto mal, entonces sí, por supuesto, hay un asomo de duda. Pienso que sería inhumano no reaccionar así».[1]

Aunque pensemos que las tragedias que se producen en el mundo pueden tener unas razones espirituales, seguimos sin hallar la forma de entenderlas. La oración es a menudo el antídoto recomendado para aliviar el dolor de la tragedia. Cuando los grandes maestros espirituales nos invitan a curar las heridas sufridas mediante la plegaria, es ineludible que nos hagamos la lógica pregunta: «¿Cómo podemos orar con espíritu positivo si nos sentimos airados y heridos, y solo queremos que cese el dolor?». La respuesta está exactamente en entender cómo funcionan las oraciones.

Más de diecinueve siglos antes de que en Occidente los científicos reconocieran el campo de energía que lo conecta todo, los antiguos eruditos y sanadores indígenas hablaban de la «red de la creación». En la cultura hopi, por ejemplo, la antigua Canción de la Creación habla de un tiempo en que los pobladores de la Tierra recordarán que la energía femenina de la Mujer Araña es la red que une todo el universo. Los sutras del budismo se refieren a un lugar «alejado en los altos cielos del gran dios Indra», donde en realidad se origina «la magnífica red» que nos une con el cosmos.

Resulta evidente que la idea de una fuerza unificadora que lo mantiene todo cohesionado era un tema común. Si los antiguos sabían que el Campo existe, ¿es posible que también supieran cómo utilizarlo? Quienes nos precedieron dejaron en los textos, las tradiciones y los muros de los templos nada menos que la descripción del principio cuántico que hoy solo estamos empezando a comprender. Con esa explicación, se nos han dado las instrucciones exactas que necesitamos para incorporar a nuestra vida las «fuerzas hermosas y salvajes» de la oración de las que hablaba san Francisco de Asís. Y la clave se encuentra en un lugar que tal vez nos sorprenda.

El misterio del espacio intermedio

Existe una fuerza que reside en el espacio *intermedio*, ese instante sutil en el que algo acaba y lo que sigue no ha empezado aún. Desde el nacimiento y la extinción de las galaxias hasta el principio y el final de los trabajos y las relaciones, e incluso la sencillez de inspirar y espirar, la creación es la historia de comienzos y finales: ciclos que empiezan y terminan, se expanden y se contraen, nacen y mueren.

Sin embargo, a cualquier escala, entre el *principio* y el *final*, hay un momento en el tiempo en que ni lo uno ni lo otro llegan a producirse del todo. De ese momento proceden la magia y los milagros. En el instante del intermedio, todas las posibilidades existen pero ninguna ha sido la elegida. Desde este lugar, se nos da el poder de sanar nuestro cuerpo, cambiar nuestra vida y traer paz al mundo. Todo lo que sucede tiene su origen en este momento mágico y poderoso.

* * *

Las sabias tradiciones del pasado llevan honrando desde hace tiempo el misterio y las posibilidades del espacio que une todo lo que sucede. En las culturas indígenas de América del Norte, por ejemplo, se afirma que la Tierra entra todos los días dos veces en esos reinos misteriosos. Uno de ellos se encuentra inmediatamente *después* de que el sol desaparece por el horizonte, justo *antes* de que llegue la oscuridad de la noche. El segundo reino se produce justo *antes* de que el sol reaparezca por el extremo del cielo, *después* de las horas más oscuras de la noche.

Los dos son momentos crepusculares, ni completamente de día ni totalmente de noche. En esos momentos, señalan las tradiciones antiguas, se produce un claro en el que se pueden percibir las verdades más profundas, curar las heridas más graves y alcanzar el máximo poder de las plegarias. El antropólogo Carlos Castaneda, en su clásico *Una realidad aparte*, llama a esa abertura «fractura entre los mundos», y la describe como un punto de acceso a los reinos invisibles del espíritu, los demonios y el poder.

Los científicos actuales reconocen el poder de este lugar exacto. Sin embargo, para ellos es menos una cuestión de día, noche y tiempo que de la materia de la que está constituido el mundo. Desde la perspectiva del científico, lo que vemos como sólido a nuestro alrededor es cualquier cosa menos sólido.

Cuando, por ejemplo, en el cine se proyecta una imagen en movimiento en la pantalla que tenemos frente a nosotros, sabemos que la historia que vemos no es real. El amor o la tragedia que nos llegan a los ojos en realidad son el resultado de muchas imágenes fijas que se suceden con la rapidez suficiente para crear la *sensación* de una historia seguida. Los ojos ven las imágenes de forma independiente, una tras otra, pero el cerebro las funde en lo que percibimos como una película ininterrumpida.

La física cuántica señala que el mundo funciona de modo muy similar. Por ejemplo, lo que en cualquier programa de deportes de la tarde del domingo vemos como un tanto, un tiro triple o un gol, en términos cuánticos no son sino una serie de sucesos individuales que tienen lugar a gran velocidad y que están estrechamente unidos. Del mismo modo que muchas imágenes unidas componen una película, la vida en realidad se produce como destellos de luz breves y diminutos llamados *cuantos*. Los destellos cuánticos de la vida se suceden a tanta velocidad que, si el cerebro no está entrenado para funcionar de otro modo (como ocurre en algunas formas de meditación), se desarrollan como pulsaciones para crear la acción que vemos los domingos en los programas deportivos.

En esta explicación simplificada de la vida también se encuentra la clave de nuestra propia sanación. Para que un destello de luz acabe antes de que otro empiece, tiene que haber, por definición, un momento intermedio. En este espacio, durante un brevísimo instante, existe un equilibrio perfecto en el que no ocurre nada: los sucesos que llevaron al destello se han terminado, y los nuevos no han empezado aún. En este lugar de *nada* existen como posibilidades y en potencia todos los escenarios de vida, muerte, sufrimiento, sanación, guerra y paz. Este es el lugar donde los sentimientos y las oraciones se convierten en planes de acción de la vida.

Lo fundamental es que nuestro estado emocional *durante* la oración determina el tipo de plan que creamos. Sabiendo que el Campo es un reflejo de nuestras creencias interiores, *antes* de orar debemos encontrar la forma de limpiarnos de dolor y cólera. Si nos detenemos a pensarlo, tiene mucho sentido. Al fin y al cabo, ¿cómo podríamos esperar que la Mente de Dios reflejara sanación y paz si sentimos miedo y dolor?

Así pues, ante los poderosos sentimientos de ira, frustración, celos y dolor, ¿cómo podemos sentir algo distinto para que nuestras plegarias alcancen su mayor fuerza? ¿Cómo dejamos en suspenso los sentimientos *negativos* y accedemos al poderoso espacio intermedio? Para responder esta pregunta, debemos volver una vez más a la sabiduría del pasado.

El Campo de Rumi: más allá del juicio

No hay duda de que los antiguos autores de los manuscritos del mar Muerto le atribuían un gran poder al espacio intermedio. En *El Evangelio de los Esenios* se nos recuerda: «En el momento que media entre el inspirar y el espirar se ocultan todos los misterios...». Como en otras tradiciones, en los órdenes más elevados de las enseñanzas esenias se nos dan

instrucciones sobre cómo usar el espacio intermedio a fin de prepararnos para la oración.

En concreto, explican cómo hemos de disponer la mente, el corazón y el cuerpo *antes* de que empiece la plegaria. Aunque solo sea por un momento, se nos invita a crear una experiencia en la que temporalmente queden en suspenso nuestros juicios, temores y penas. En este estado neutro, podemos ofrecer una plegaria desde la fuerza y la claridad, y no desde el juicio nublado que nace del dolor. De esta forma entraremos en el sagrado diálogo con la Mente de Dios en un estado de conciencia que le aporta a nuestra vida el mayor de los beneficios de la oración.

Con palabras a la vez elocuentes y sencillas, el poeta sufí Rumi nos invita a acompañarle a ese lugar neutral una vez que lo hayamos descubierto en nuestro interior. Y formula su invitación en dos frases breves pero de gran fuerza:

> *Más allá de las ideas sobre lo que*
> *está bien y lo que está mal, hay un*
> *campo. Allí te encontraré.*[2]

¿Cómo se llega a ese lugar cuando la vida nos muestra un mundo que parece aterrador y peligroso? Las instrucciones son muy claras.

La bendición: el lubricante emocional

Hoy, la llave del Campo de Rumi se encuentra más allá de lo que pueda estar bien o mal, en la sabiduría de la bendición. Tal vez, contrariamente a la idea popular de que cuando bendecimos algo ponemos en ello nuestro sello de aprobación, esta forma de bendición no justifica, estimula ni frena ninguna acción, circunstancia ni suceso. No acepta ni niega ningún punto de vista. Simplemente reconoce lo que ha ocurrido. El acto de reconocimiento sin juicio es la apertura que permite que se inicie la sanación.

Y esta es la razón: cuando vemos algo que nos duele tanto que necesitamos reaccionar, desconectar o huir, tendemos a negar lo que sentimos. Así es como superamos muchas experiencias. Sofocamos el sentimiento que rodea lo que vivimos y lo escondemos profundamente para evitar que nos hiera más aún. Pero el dolor no *se va* sin más. Va a donde lo guardamos. Después, en el momento que menos lo esperamos, encuentra una salida y reaparece, muchas veces de una forma que nunca hubiésemos deseado. Así ocurre sobre todo con las personas que han vivido escenas especialmente traumáticas, desde guerras y violaciones hasta maltrato infantil y violencia doméstica.

La ira desproporcionada que puede emerger en esos momentos a menudo se remonta al impacto de una experiencia anterior que, cuando se produjo, no se pudo superar. En estos casos, un simple comentario aparentemente inocente y ajeno de alguna persona significativa o de un compañero de trabajo puede convertirse en el desencadenante que abra la antigua herida.

Nuestra capacidad de *cerrar* es el mecanismo de defensa que nos permite seguir con nuestra vida y no tener que afrontar el dolor inmediato de algo que impacte en nuestros sentidos y sensibilidades. Al mismo tiempo, las emociones que se han creado en nuestro interior siguen ahí, aunque estén enterradas. Tim Laurence entiende el reconocimiento del dolor como un paso incómodo pero necesario hacia la sanación. «Es un proceso de catarsis emocional que permite a la persona superar ese sentimiento de que se la está dañando».[3]

A algunos individuos, el mecanismo de defensa de disimular el dolor les puede ir tan bien que, de hecho, creen que se han sanado de la experiencia. Incluso pueden pensar que han olvidado qué fue lo que les hizo daño. Sin embargo, el cuerpo no olvida. Diversos estudios demuestran que el ADN y las células están en comunicación directa con los sentimientos que albergamos sobre la vida. Para cada sentimiento, el cuerpo crea su correspondiente química. Mediante la liberación de hormonas de afirmación de la vida, como la DHEA, o de sus opuestas, como el cortisol, experimentamos literalmente lo que se puede llamar la química del *amor* o la química del *odio*.

Sabemos por intuición que así es, porque entendemos que la alegría y el aprecio ejercen una influencia positiva en nuestro cuerpo y hacen que nos sintamos más fuertes y ligeros, mientras que la ira y el miedo producen el efecto contrario. En algunas culturas holísticas se señala que enfermedades como el cáncer son manifestaciones no resueltas de la ira, el dolor y la culpa que emergen en aquellas partes del organismo donde antes se ocultaron. Tal vez no se pueda demostrar científicamente en este momento, pero la relación entre el trauma emocional y los órganos asociados con él existe, sin duda, y merece un mejor estudio. Teniendo en cuenta todas estas consideraciones, parece que desdeñar lo que nos duele puede tener unos prolongados efectos contrarios a nuestros intereses.

Tiene sentido buscar la forma de transformar lo que nos pueda herir en una experiencia nueva que nos ayude. Y lo podemos hacer reconociéndolo y dejando que se mueva *por* nuestro cuerpo. Es aquí donde el acto de bendición entra en el proceso de sanación.

Qué es la bendición

La bendición se puede definir como una cualidad de pensamiento, sentimiento o emoción que nos permite redefinir los sentimientos que albergamos sobre algo que nos duele ahora o nos dolió en el pasado. Dicho de otra forma, bendecir algo es el *lubricante* que nos libera de las emociones dolorosas y nos da paso a una mejor sanación, en lugar de mantener los sentimientos atascados y sin resolver en el cuerpo. Para lubricar las emociones, debemos reconocer (bendecir) todos los aspectos de lo que nos duele, del mismo modo que quienes sufren han de reconocer la causa de su padecer y quienes dan testimonio de algo han de saber las consecuencias de lo que atestiguan.

Siempre que hablo sobre lo que *es* la bendición, llega un momento en que es importante dejar claro lo que *no* es. Cuando bendecimos a alguien que nos ha herido, resulta evidente que no proclamamos que lo que haya ocurrido está bien y que quisiéramos que sucediera de nuevo. La bendición no perdona ni excusa ninguna atrocidad ni acto de sufrimiento. No pone el sello aprobatorio en ningún suceso doloroso, ni señala que desearíamos revivirlo de nuevo.

Lo que *sí* hace la bendición es liberarnos de las experiencias dolorosas. Reconoce que esos hechos, sean los que fueren, se han producido. De este modo, nuestros sentimientos sobre esas experiencias se mueven *por* nuestro cuerpo en lugar de quedarse bloqueados en su interior. Y así, la bendición es la clave para alcanzar el Campo de Rumi que está más allá de lo que se pueda considerar bueno o malo. La bendición es la llave de acceso al espacio intermedio. Suspende nuestro dolor temporalmente, lo suficiente para que podamos reemplazarlo por otro sentimiento.

Con el acto de bendición, damos por supuesto nuestro poder de liberar las heridas más profundas y los sentimientos no resueltos. La bendición lo consigue sin necesidad de retrotraer esos sentimientos a su origen, revivir de nuevo el dolor y otra vez caer en lo más profundo de la pena, ni de embarcarse en un empeño interminable por comprender por qué las cosas ocurrieron como ocurrieron. Todos estos senderos pueden funcionar en un grado u otro y, para algunas personas, sin necesidad de ninguna capacidad distinta de la que ya poseen en su interior: basta el acto de bendición para alcanzar el poder de cambiar nuestra vida. Y lo hace en un abrir y cerrar de ojos. Cuando conseguimos tomar nuestras decisiones y ofrecer nuestras plegarias desde una posición de fuerza y claridad, y no desde la flaqueza de la ira y el dolor, se empieza a producir algo maravilloso.

¿Te parece demasiado sencillo para que funcione? Tan poderosa herramienta puede ser tan simple o tan difícil como tú lo decidas. Es fácil comprender la razón de que la bendición funcione tan bien: resulta imposible juzgar algo cuando al mismo tiempo lo bendecimos. La mente no nos deja hacer las dos cosas a la vez.

Te invito a que pruebes el proceso de la bendición siguiendo las instrucciones que te doy a continuación. Piensa en una persona, un lugar o una experiencia que en el pasado te hicieran sufrir, y a continuación aplica el procedimiento. Es posible que te sorprendan el poder, la efectividad y la sencillez del antiguo secreto de la bendición.

Antes de que puedas bendecir

Hay un requisito previo para que puedas bendecir. Para disponerte a aceptar la bendición en tu vida, antes debes responder con sinceridad una sola pregunta. No es necesario que lo hagas formalmente ni ante otra persona, a menos que te sea más cómodo hacerlo así. La pregunta va dirigida solo a ti, y te ayudará a saber mejor aún dónde están tus límites en lo que se refiere a lo *bueno* y lo *malo* de tu vida.

La pregunta es esta: «¿Estoy preparado para superar la reacción *visceral* o la antigua idea de que, para reparar algún mal, *alguien debe pagar* o *he de desquitarme*?». En otras palabras, ¿estás preparado para ir más allá del tipo de razonamiento que justifica herir a alguien porque te ha herido?

Si tu respuesta es afirmativa, la bendición está contigo y te van a complacer los resultados de la experiencia. Si es negativa, debes averiguar *por qué* decides aferrarte a una idea que te tiene encerrado en ese dolor que te lleva al propio sufrimiento del que te quieres sanar.

En la cultura de la bendición, es evidente que estas preguntas no tienen respuestas correctas ni incorrectas. Están pensadas simplemente para ayudarte a tener muy claro dónde te encuentras en tu proceso de razonamiento y qué esperas conseguir con tus creencias.

La antigua llave

Puede parecer que el acto de bendición esté en contradicción directa con las creencias de algunas tradiciones, pero también se ajusta perfectamente a las enseñanzas de algunos de los grandes maestros espirituales del pasado. Lo expongo aquí porque he comprobado personalmente que encierra la llave de la sanación más profunda, para el mayor número de personas y en el menor tiempo posible.

Los textos espirituales occidentales que conservan gran parte de los conocimientos sobre la bendición fueron corregidos o, en algunos casos, eliminados por completo. Hoy tenemos que deducir las antiguas técnicas que se conservaron en los libros bíblicos *perdidos*, y recuperados a mediados del siglo XX. Es interesante que una de las mejores explicaciones del poder de la suspensión del juicio se encuentra también en uno de los libros más polémicos, el Evangelio de Tomás, que se descubrió como parte de la biblioteca de Nag Hammadi.

Lo fundamental de este fragmento de los Evangelios es el registro de lo que Jesús les dijo a quienes conoció en su vida. En él podemos encontrar una conversación que tuvo con sus discípulos sobre los secretos de la vida, la muerte y la inmortalidad. A la pregunta de qué podemos esperar que nos depare el destino, Jesús responde, para empezar, desvelando las claves de lo que él denomina los árboles de nuestra existencia, los atributos de la vida que son constantes y duraderos. «Quien llega a conocerlos [los árboles] no experimentará la muerte»,[4] señala. Una de esas claves es la capacidad de abstenernos de cualquier juicio.

Con la elegancia tan habitual de la verdadera sabiduría, Jesús describe el estado de conciencia neutral y les señala a sus discípulos lo que deben hacer para entrar en el lugar de la inmortalidad que él llama «el reino»: «Cuando hagáis de dos uno y hagáis lo interior como lo exterior, y lo exterior como lo interior, y lo alto como lo bajo, y cuando hagáis de lo masculino y lo femenino uno y lo mismo... entonces entraréis en el reino».[5]

Sus palabras se entienden perfectamente. Solo cuando somos capaces de ver *más allá* de las diferencias que juzgamos, es decir, cuando eliminamos las polaridades que en el pasado lo han separado todo, nos creamos el estado de ser en el que «no experimentaremos la muerte». Cuando sabemos trascender lo correcto y lo incorrecto, lo bueno y lo malo que la vida nos muestra, encontramos el mayor poder para convertirnos en algo más que aquello que nos ha herido. Aunque la mente sabe que la causa de nuestro sufrimiento puede existir en un nivel, *es el sentimiento del corazón* el que le habla al Campo de la Mente de Dios... y crea.

Como maestro y sanador, Jesús nos enseña a superar las heridas con la sabiduría del corazón. Hay otras enseñanzas que señalan técnicas parecidas, pero las que explica tal vez sean las más claras y precisas. Y la razón pueden ser, en parte, las lecciones que aprendió con el estudio de otras tradiciones espirituales. Tomás transmite la esencia de las enseñanzas de Jesús, pero las traducciones modernas de su Evangelio nos dejan con la sensación de estar leyendo el *Reader's Digest*, una versión resumida de ideas de mucho mayor alcance.

A continuación hago una exposición más detallada de cómo actúa el proceso de bendición de Jesús, tomado como una suma no solo de sus enseñanzas, sino también de muchas otras.

Las instrucciones

En las traducciones occidentales de la Biblia, se nos dice que *bendigamos* sin meditar mucho en cómo hacerlo, ni en por qué la práctica de la bendición funciona. Tal vez la más conocida de estas referencias sean los pasajes en los que Jesús explica a sus discípulos las cualidades espirituales que mejor les servirán en este mundo y en el que ha de venir: «Bendecid a quienes os maldigan y orad por quienes os utilicen sin misericordia».[6] Por extrañas que estas palabras puedan parecer en el mundo actual, donde es fácil confundir la justicia con la *venganza*, no consigo imaginar cuánto lo debieron de ser hace dos mil años.

En las ediciones corregidas, se observa que este tema se repite en diferentes grados en todas las enseñanzas de Jesús. En la Carta a los Romanos, por ejemplo, las instrucciones sobre cómo hemos de reaccionar ante el acoso y el tormento dejan pocas dudas sobre la intención del mensaje: «Bendecid a quienes os persiguen; bendecid, y no maldigáis».[7]

Aunque muchas de las enseñanzas de Jesús referentes a la bendición iban dirigidas a los ataques personales, fueran físicos o verbales, la idea de bendición también se extiende al dolor que sentimos al saber que otros están sufriendo.

Cuando experimentamos algo que nos hiere, el dolor emocional puede aparecer en tres lugares. Algunos son más fáciles de tratar que otros, pero para que la bendición funcione hay que reconocer los tres. Este es el poder de la bendición: nos eleva por encima de la antigua trampa de lo correcto y lo incorrecto de lo que haya sucedido.

«¿Por qué voy a desear bendecir precisamente lo que me ha lastimado?», te preguntarás. Es una gran pregunta, que me planteé hace años cuando descubrí el poder que para mí tenía la bendición. La respuesta es clara, e incluso de una simplicidad decepcionante. Ante las heridas de la vida, tenemos dos opciones: podemos enmascararlas y enterrarlas, y dejar que poco a poco nos despojen de lo que más queremos hasta que acaben por destruirnos, o aceptar la sanación que procede de reconocer nuestras heridas y seguir viviendo, sanos y pletóricos. Personalmente, creo que esta es la intención de lo que se afirma en el Evangelio de Tomás: «Si haces que nazca lo que tienes en tu interior, te salvará. Si no lo haces, te destruirá».

La mejor manera de resumir el reto, y la recompensa, de aplicar este principio a nuestra vida es con las palabras de San Francisco de Asís. Dice de su vida: «Fue fácil amar a Dios en todo lo que es hermoso. Pero las lecciones más profundas me enseñaron a abrazar a Dios en todas las cosas». Esto significa tanto las experiencias agradables como las desagradables. La elección nos corresponde a nosotros. Si optamos por la sanación, el camino es la bendición.

Cuando decidimos bendecir, solemos hacerlo en tres aspectos o grupos de personas. Aunque hay excepciones, lo más habitual es que debamos bendecir a quienes sufren, la causa del sufrimiento y a quienes son testigos de él. A continuación explico brevemente los tres grupos.

BENDECIR A LOS QUE SUFREN. El primer lugar al que dirigir la bendición es el sufrimiento evidente de quienes caen lastimados. En algunos casos, como las tragedias del 11 de septiembre y de Beslan, puede haber una distancia entre nosotros y quienes sufren por una pérdida de una magnitud casi inimaginable. En otros, como los de promesas rotas o abusos de confianza por parte de alguien querido, el sufrimiento nos puede ser muy cercano, porque *somos nosotros quienes* sufrimos. En cualquier caso, esta es quizá la parte más fácil del proceso de la bendición: bendecir a quienes son objeto del sufrimiento.

BENDECIR LA CAUSA DEL SUFRIMIENTO. Para muchos, esta es la parte más difícil. Para otros, en cambio, bendecir a las personas o a la situación que provoca dolor, que les hace sufrir y les arrebata aquello que más quieren es tan propio de las culturas en las que han crecido que casi es como una segunda naturaleza.

Aquí es donde se hace real en nuestra vida el poder de la bendición. Cuando sabemos encontrarlo en nuestro interior para bendecir a las personas y las situaciones que nos lastiman, nos convertimos en personas nuevas. Hace falta ser muy fuerte para sobreponerse a lo malo y lo bueno de lo que nos ocurra y afirmar: «Hoy soy algo más que el dolor de mi pasado».

Conozco a gente que me dice: «Haré "eso de bendecir" solo una vez, cuando no haya nadie a mi alrededor, porque mis amigos nunca entenderían esta forma de pensar. Y si no me gusta lo que ocurre, volveré al sentimiento de odio y envidia que tan bien me ha ido hasta ahora».

Y yo respondo: «¡Perfecto! Basta con una vez». Estoy seguro de mi respuesta por una sola razón. En el momento —*el instante*— en que abrimos la puerta a una mayor posibilidad de bendecir en la vida, cambiamos en nuestro interior. En ese cambio, nunca podemos retroceder... ¿y por qué íbamos a hacerlo? ¿Por qué íbamos a *decidir* albergar el sentimiento que a la larga nos hace daño, si podemos tener el que nos cura?

Tanto si optas por probarlo una vez y dejarlo como si no, para que la bendición funcione debes ocuparte de todos los aspectos de la experiencia, incluyendo bendecir a las personas, los lugares y las situaciones que más te disgustan y más ira te pueden provocar.

BENDECIR A QUIENES SON TESTIGOS DEL SUFRIMIENTO. Es la parte de la bendición que podemos pasar por alto con mayor facilidad. Además de la relación entre los que sufren y quienes provocan el sufrimiento, están aquellos que han de darle sentido a lo que queda. ¡Somos nosotros! Quienes nos quedamos debemos explicar el asesinato de civiles y niños inocentes en las guerras, la brutalidad contra las mujeres en muchas sociedades, y las consecuencias de las relaciones fallidas y los hogares rotos.

Es fácil olvidarnos de nosotros ante el dolor de otras personas, pero nuestra reacción —*nuestros sentimientos persistentes*— también son ese mensaje que le enviamos a la Mente de Dios después de cualquier tragedia. En última instancia, nuestros sentimientos individuales y colectivos son los que llenan el vacío que dejan las desgracias, del tamaño que sean, de ámbito familiar o planetario. Como testigos, merecemos la bendición.

El modelo de la bendición

La clave para recibir el don de la bendición está en ofrecerla.

En primer lugar, busca un lugar retirado, donde nadie pueda oír tus palabras. Después, simplemente empieza por decir lo siguiente en voz alta:

- «Bendigo [escribe el nombre o los nombres de quienes sufren o han sufrido]».
- «Bendigo [escribe el nombre o los nombres de las personas o las cosas que infligen el sufrimiento. Conviene ser lo más concreto posible]».
- «Me bendigo por poder atestiguarlo».

No dejes de bendecir

La experiencia de usar el modelo anterior me dice que a veces, para que llegue a funcionar de verdad, se requiere cierto tiempo. La razón de ello no tiene ningún secreto. Para sobrevivir en este mundo, todos hemos aprendido a ocultar bien nuestros propios sufrimientos. A veces los disimulamos tan bien que llegamos a olvidar dónde los hemos escondido. No te desanimes si te da la impresión de que tus bendiciones no funcionan las primeras veces que las usas. Es posible que haya que repetirlas para romper el caparazón que te construiste para protegerte.

Así pues, no dejes de bendecir. Hazlo en voz alta. Y repítelo. Una y otra vez. Cuando sepas quién o qué ha provocado el dolor que estás bendiciendo, llámalo por su nombre y refiérete a las fechas concretas. Cuanto más precisos sean los nombres y las fechas, más despejado será el acceso que crees al recuerdo del dolor que sufres. Repite la bendición hasta que sientas un calor que se extiende del pecho al estómago.

Mientras sigues, el calor irá en aumento y te invadirá todo el cuerpo.

No te sorprendas si en ese proceso te ves hundido, te afloran las lágrimas y no puedes impedir el llanto. Así es como la bendición nos libera del dolor y deja que se mueva por nuestro interior. Cuando se siente que la bendición ha concluido, el mundo nos parece distinto. Aunque la razón de nuestro dolor sigue existiendo, lo que ha ocurrido es que hemos cambiado nuestra manera de *sentirlo*. Este es el poder de la bendición: sencillamente se convierte en algo que has de experimentar tú mismo para poder entenderlo.

Sé de personas que han descubierto el poder de la bendición y ahora bendicen todo lo que ven. Desde el cuerpo desecado de algún animal que *duerme* junto a la carretera hasta las noticias que aparecen en el televisor, ofrecen una bendición, casi al mismo tiempo que respiran, varias veces al día. Cuando estas personas me acompañan en el coche y nos cruzamos con una ambulancia que va o viene del hospital, o cuando algún alocado nos adelanta con línea continua o en alguna carretera estrecha de montaña, no cesan de bendecir. Es una reacción tan espontánea como la de decir «¡Jesús!» cuando alguien estornuda. No te extrañes si también en tu vida empiezan a aparecer *actos de bendición* espontáneos.

Anteriormente, planteé la pregunta de cómo podemos rezar de forma positiva cuando vivimos sentimientos negativos como los de dolor, ira, odio y deseo de venganza. Uno de los secretos de las culturas más sabias es que nuestras plegarias son más efectivas cuando nos preparamos en todo nuestro ser —mente, cuerpo y espíritu— para entrar en sagrada conversación con la Mente de Dios. Si el Campo nos ha de devolver el reflejo de la persona en que nos hemos convertido, es más importante que nunca que, cuando rogamos que se nos alivie de nuestro dolor, nos encontremos en lo que los nativos americanos llaman «un buen lugar».

El antiguo don de la bendición nos allana el camino para orar desde una posición de fuerza y claridad, y no desde la flaqueza y la incertidumbre. Las instrucciones pueden ser útiles e interesantes, pero creo que las enseñanzas de la sabiduría a veces se comparten mejor como historias. Cuanto más real sea la historia, más sentido tiene el ejemplo. La que sigue habla de mi primera experiencia de bendición en unos momentos de pérdida personal. Tal vez sea insignificante en comparación con las heridas realmente *grandes* de nuestro mundo, pero en el momento en que ocurrió, la bendición fue lo que me ayudó a afrontar la pérdida de un amigo muy querido. Este ejemplo te podrá ayudar a ocuparte de tus propias pérdidas.

Bendecir ante una pérdida

Algunas de mis compañías más satisfactorias han sido las de diversos animales. A principios de los años noventa, estaba realizando un taller-retiro en un hotel del monte Shasta, en California. Por los pasillos del hotel iba y venía un gatito negro, que se coló en mi habitación y en mi corazón, y nunca salió de él.

Mi nuevo amigo tenía unas cinco semanas y era hijo de una madre primeriza que no podía amamantar a su cría. Cuando los empleados del hotel descubrieron lo que había sucedido, pensaron que todos los gatitos habían muerto. Sin embargo, pocos días después, se produjo un pequeño milagro. La madre salió de su escondite con un amasijo de huesos y pelos que había sobrevivido todo aquel tiempo sin comer. Los trabajadores alimentaron inmediatamente al gatito para que se recuperara. En reconocimiento a la magia de su salud y voluntad de vivir, lo llamaron *Merlín*.

Aquella tarde, al ir a mi habitación, *Merlín* estuvo ronroneando y maullando a la puerta, hasta que cedí a mi impulso de ocuparme de cualquier animal del planeta y lo dejé entrar. A lo largo de la semana que duró el taller, durmió conmigo todas las noches y se sentó a mi lado a desayunar por las mañanas. Observaba cómo me afeitaba desde el borde del aseo y miraba las diapositivas de 35 milímetros (eran tiempos anteriores al PowerPoint) cuando las preparaba para la jornada siguiente. Todas las mañanas se sentaba junto a la bañera mientras me duchaba, y se relamía las gotitas de agua que lo salpicaban. Al concluir la semana, *Merlín* y yo éramos buenos amigos, y me sentía muy apegado a aquel pequeño milagro tan decidido a vivir.

Por una serie de circunstancias y coincidencias, *Merlín* y yo regresamos juntos a mi casa, en el desierto del norte de Nuevo México. Pronto se convirtió en mi *familia*, y en los tres años siguientes estuvo siempre conmigo cuando preparaba la cena, y se dormía junto al viejo Apple mientras escribía mi primer libro.

Una noche, *Merlín* salió a la calle, como solía hacer a aquella hora, y nunca lo volví a ver. Fue en el verano de 1994, durante la semana en que un inmenso cometa colisionó con Júpiter. Al principio pensé que quizá hubiera ido a explorar, como hacen a veces los gatos, y que regresaría pronto. Bien podía ser que *Merlín* se orientara por el desierto empleando

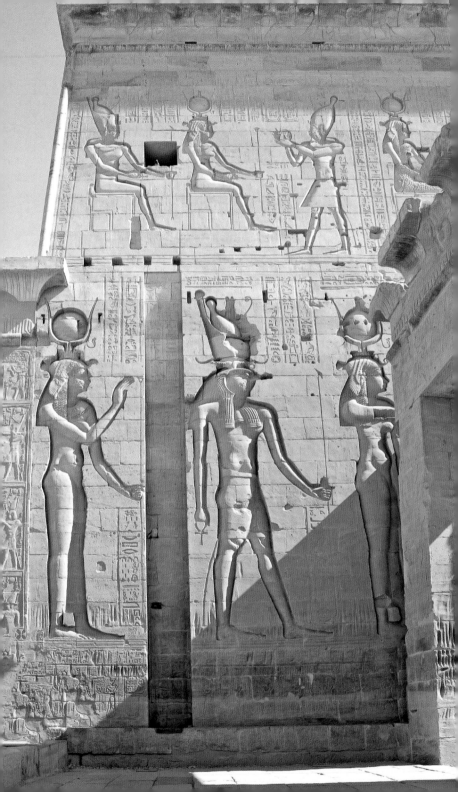

las líneas magnéticas de la Tierra, al igual que las aves y las ballenas, los mismos campos que se veían afectados por el extraño efecto de Júpiter sobre los campos magnéticos terrestres. Era posible que estos hubiesen cambiado y hubieran llevado a *Merlín* a cualquier otra parte. O podía haber miles de otras razones. El hecho era que *Merlín* se había ido.

Después de dos días sin verlo, empecé a buscarlo. Estuve casi una semana sin atender el teléfono ni hacer otra cosa que buscar por los campos del norte de Taos, en Nuevo México. ¿Habría caído en alguna trampa que los granjeros colocaban para los coyotes que acosaban a sus ovejas? Tal vez se había quedado encerrado en algún edificio viejo o se había caído en un pozo y no podía salir. Busqué por nidos de búhos y miré por todas las madrigueras de tejones y guaridas de coyotes que encontré. Llegó un momento en que dejé de buscar a *Merlín* y comencé a buscar rastros suyos: su piel o su collar. Todos los esfuerzos fueron inútiles.

Una mañana estaba tumbado en la cama justo antes de la salida del sol, medio adormilado, y simplemente pregunté por alguna señal. Necesitaba saber qué le había ocurrido a mi amigo. No había terminado siquiera de hacerme la pregunta en la mente, cuando ocurrió algo que nunca antes me había sucedido y nunca me ha vuelto a suceder. Por la buhardilla me llegó un ruido que procedía del exterior, después otro, y luego otro más. En pocos segundos, desde todas las direcciones y rodeando por completo la casa, oí el aullido inconfundible de los coyotes, más de los que jamás había oído en todos los años que llevaba viviendo en aquel lugar.

Estuvieron ladrando y aullando unos minutos y después, igual como habían empezado, cesaron de golpe. Las lágrimas afloraron cuando me dije en voz alta: «No creo que *Merlín* vuelva conmigo». En aquel momento, vi claro lo que le había sucedido a mi amigo. Supe que los coyotes se lo habían llevado y que nunca lo volvería a ver.

Ese mismo día, más tarde, comencé a ver coyotes por los alrededores, a plena luz del día. Los había visto antes, claro está, pero siempre aparecían a la puesta del sol o justo antes de que amaneciera. Ese día estaban por todas partes en plena tarde, solos, en pareja o en grupos de tres, cachorros y familias enteras, todos merodeando sin rumbo por los campos.

La razón de que cuente esta historia es que la pérdida de *Merlín* me dolió. En mi dolor, pude haber salido tras los coyotes, uno después de otro, pensando: «Este es el que se ha llevado a mi amigo». Pude haberme apostado en lo alto del tejado con el rifle en la mano y vengar la muerte de *Merlín*, hasta que no quedara coyote alguno en todo el valle. Podía haber hecho todo eso... y nada hubiese cambiado. Merlín no habría regresado. No estaba enojado con los coyotes, simplemente añoraba a mi amigo. Echaba de menos su personalidad y los graciosos ruidos que hacía en sus *hazañas* de acoso y derribo de las polillas que se quedaban pegadas en el cristal de la puerta por la noche. Me faltaba su forma de mirarme, de abajo arriba, tendido en el frescor del suelo de baldosas en verano.

Aquella noche enfilé la polvorienta carretera de grava que serpentea por el valle hasta la autopista. Fue en ese trayecto cuando tuve mi primera experiencia de bendecir. Al subir las ventanillas para que nadie me oyera (aunque no había un alma en muchos kilómetros a la redonda), bendije la muerte de *Merlín*, reconociéndolo a él y toda la alegría que había traído a mi vida. Después bendije a los coyotes, en especial a los que le habían arrebatado la vida. Al cabo de poco tiempo, comencé a sentir una extraña sensación de afinidad con *Merlín*. Supe que lo sucedido no fue un acto intencionado para provocarme dolor. Ocurrió simplemente que los coyotes hicieron lo que les es propio. Me bendije por intentar comprender por qué la naturaleza a veces se muestra tan cruel.

Al principio, no parecía que ocurriera nada. Sentía tanto dolor que impedía que la bendición *entrara* en mí. Pero después de repetirla un par de veces, se produjo el cambio. El sentimiento comenzó como un calor en el estómago, que fue en aumento mientras se extendía por todo el cuerpo y en todas direcciones. Los ojos se me llenaron de lágrimas y me vi sollozando sin consuelo. Me aparté a un lado de la carretera y bendije lo mejor que pude hasta que no me quedaron fuerzas para seguir haciéndolo. Supe que, por ese día, la bendición había concluido.

Lo importante del acto de bendecir es que el mundo no cambia; somos nosotros los que cambiamos. En nuestra disposición a reconocer y liberar lo que sea que nos produzca dolor, el mundo parece distinto, y nos convertimos en personas más fuertes y sanas.

Después de la paz que ese día firmé con los coyotes, aunque los oigo por las noches, nunca he vuelto a ver ninguno que se acerque a mi casa. Sin embargo, el año pasado, sí vi un gato de otro tipo: mi primer puma en directo. Cruzó por debajo de la valla y se metió en el patio trasero.

Cuando no basta con mirar hacia otro lado

La historia de *Merlín* puede parecer insignificante, pero la cuento porque es auténtica y profundamente personal. El principio de la bendición que he expuesto para *Merlín* funciona para cualquier dolor que puedas sufrir, sea en el espacio más inmediato o en el más global. Hace poco tuve una oportunidad de poner a prueba el poder de la bendición ante uno de los actos más angustiosos y horribles que he vivido de adulto. Como en el caso anterior, fue la clave de que pueda seguir teniendo fe en el mundo, y me dio fuerzas para asegurar que dejaremos un mundo mejor que el que nos hemos encontrado.

· · ·

Sentí que se me agarrotaba el cuerpo ante lo que llegaba a mis oídos. Un civil estadounidense que trabajaba en Irak acababa de ser ejecutado, por decapitación, y arrojado a la cuneta de una carretera, sin la mínima dignidad ni respeto que merece la vida humana en cualquier parte del mundo.

Me encontraba en Europa, en una gira de promoción de un libro, cuando la CNN informó del brutal asesinato. El presentador decía que, aunque en otros países las agencias de noticias mostraban el vídeo y fotografías de la decapitación, la CNN había decidido no difundir aquellas imágenes. Sin embargo, en su lugar el comentarista daba una explicación pormenorizada de lo que él había visto en el vídeo. Me rijo mucho por la imaginación; por eso, tal vez, aquello para mí fue peor aún que ver las propias fotos. Al escuchar la descripción oral de los últimos segundos de la vida de aquel hombre, las imágenes que se me formaban en la mente me turbaron con el sentimiento irreal que a menudo acompaña a las noticias que nos hieren la sensibilidad.

Una de las lecciones que he aprendido de las brutales ejecuciones de Irak, y de las imágenes de las guerras de cualquier lugar y momento de la historia, es que nunca se pueden *entender*, en el sentido que el diccionario le da a esta palabra, los sufrimientos ni la pérdida de vidas que se producen en los conflictos bélicos. Para las personas racionales y afectuosas, no tiene sentido tratar siquiera de comprender las atrocidades que acompañan a esas acciones. Para ello, tendríamos que ponernos en el lugar de quienes están en la batalla, y pensar como ellos piensan. Al mismo tiempo, estas acciones han pasado a formar parte de nuestro mundo. Son algo real y que ha sucedido.

Cuando en mis conferencias y talleres pregunto al público cuántos han cambiado de costumbres al ver ese tipo de noticias, la imagen de tantas manos que se levantan es muy elocuente. En todos los públicos, sin excepción, son cada vez más las personas que aseguran que ven menos los informativos, o que han dejado de verlos por completo. Como respuesta a mi siguiente pregunta de por qué, responden que son demasiado deprimentes y dolorosos. No quieren que les sigan bombardeando, a ellos y a sus familias, con imágenes de crueldad y sufrimiento, ni vivir la angustia de pensar que nada hay que ellos puedan hacer por cambiar esas situaciones.

Evitar el terror diario de las terribles noticias puede significar un aplazamiento temporal del dolor, pero, en el mejor de los casos, es una solución muy provisional. Créeme, ¡yo lo he intentado! Descubrí que aunque me resultaba fácil sumergirme en las rutinas de la vida rural de una pequeña comunidad, todo, de un modo u otro, nos alcanza. En el mundo siguen sucediendo cosas. En algún momento, nos llega la noticia, en forma de «¿te has enterado de que...?». Por el boca a boca, el artículo de alguna revista o los titulares del periódico, de repente nos tenemos que enfrentar a las mismas situaciones que pensábamos que podíamos evitar.

Cuando nos encontramos en estas situaciones, ¿qué podemos hacer? No sirve mirar hacia otro lado. Tal vez no podamos cambiar lo que la vida nos muestra, pero debemos averiguar dónde *encaja* para poder seguir viviendo.

Tanto si sentimos el dolor del mundo como el que nos produce la pérdida de las pequeñas cosas de la vida que más queremos, el poder de la bendición actúa de la misma forma. Mis mayores experiencias de bendición se han producido en momentos de pérdida. Desde la muerte repentina de mi padre y nuestra relación nunca resuelta hasta el final de dos matrimonios, pasando por la traición de personas muy allegadas, puedo dar fe del proceso de la bendición, porque sé cómo funciona.

Mi plegaria es que también a ti te funcione, y se convierta en un amigo para cuando lo necesites.

Capítulo cuatro

EL CUARTO SECRETO:
La belleza es lo que transforma

*La belleza es la eternidad que se
contempla en el espejo. Pero tú eres
la eternidad y tú eres el espejo.*

JALIL GIBRAN

La belleza tal vez sea una de las cualidades humanas menos comprendidas y, sin embargo, de mayor poder. Desde los inicios de la historia registrada, nos hemos entregado a una larga danza, extraña y a veces peligrosa con esta misteriosa fuerza. Los antiguos relatos de nuestras tradiciones más apreciadas atribuyen la caída de los ángeles a su incapacidad de resistirse a la belleza de las mujeres recién creadas de nuestra especie, las «hijas del hombre».

En el libro bíblico de Enoc el profeta, piedra angular de la primitiva Iglesia cristiana, este llega a desvelar la identidad de los ángeles *principales* que dirigieron a otros doscientos que no podían resistirse a la belleza de las mujeres terrenales.[1] Con nombres como Samyaza, Ramuel y Turel, estos *perfectos* sabían que cohabitar con mujeres mortales violaba las leyes del cosmos. Sin embargo, para ellos la experiencia sensual que les aguardaba compensaba el peligro de perder su inmortalidad. En tradiciones bíblicas posteriores, fue la belleza de una mujer, Dalila, la que condujo al amor, la confianza, la traición y, finalmente, la muerte de Sansón, uno de los hombres más poderosos de la Tierra.

La historia de la humanidad es el relato de nuestra relación con la belleza: su poder y seducción, las grandes distancias que hemos recorrido en su búsqueda, las ansias de alcanzarla, los intentos de atraparla y la convicción de que de algún modo la podemos dominar. Al mismo tiempo, nos hemos afanado sin tregua en definir esta cualidad más esquiva de la experiencia humana. ¿Qué es exactamente la belleza?

El misterio de la belleza

La belleza tiene significados distintos para cada persona. Cuando a alguien se le pide que la defina, lo más habitual es que base la respuesta en su experiencia personal, en lo que la belleza ha significado en su vida. Para el científico, tal vez tenga la forma de una solución elegante a un problema matemático. El fotógrafo, en cambio, puede verla en el asombroso contraste entre la luz y las sombras. Albert Einstein la entendía como la expresión de un orden superior de la creación, y decía, por ejemplo: «La música de Mozart es tan pura y hermosa que la considero el reflejo de la belleza interior del universo».

Es evidente que la experiencia que cada individuo tiene de la belleza es personal y exclusiva. Por esta razón, puede haber tantas definiciones de la belleza como personas que la viven. Con independencia de cómo la definamos en nuestra vida —la entendamos como una fuerza, una experiencia, una cualidad, un juicio o una percepción— su poder es real. En su presencia, somos otras personas. Tal vez no sepamos exactamente *qué* es, pero podemos aplicar lo que *sí* sabemos del poder de la belleza a la sanación del sufrimiento, el dolor y el miedo de nuestras vidas.

Si, como aseguraban las antiguas tradiciones, la belleza es una fuerza por sí misma, quizá la fuerza más extraña de la naturaleza. A diferencia de la gravedad y el electromagnetismo, que al parecer existen con o sin nosotros, parece que la belleza permanece dormida hasta que le prestamos atención. Es muy posible que tenga el poder de cambiar el mundo, pero es un poder dormido. Y nosotros somos los únicos que podemos despertarlo. Como la única forma de vida capaz de experimentar la belleza que somos, esta solo despierta cuando la reconocemos en nuestra vida.

Desde esta perspectiva, la belleza es más que aquello que nos puede alegrar la vista. Se trata de una *experiencia* del corazón, la mente y el alma, que procede de nuestra disposición a ver la perfección en lo que a menudo llamamos las *imperfecciones* de la vida. El abuso de confianza, por ejemplo, tal vez nos sorprenda inicialmente, pero parte de este impacto puede desaparecer cuando pensamos que nosotros, también, hemos traicionado a otros de formas distintas en otros momentos. La *belleza* en este caso es el equilibrio de tales experiencias, que nos llegan de vuelta, a veces en la forma que menos esperamos

Para descubrir la belleza en todas las experiencias, es posible que nuestra función no sea tanto crearla como reconocer que ya está ahí. La belleza está siempre presente en todo lo que existe. Se puede encontrar en lugares en los que nunca pensaríamos que pudiera existir.

En los momentos en que alcanzamos las profundidades del alma para que el poder le otorgue un nuevo sentido a aquello que más nos duele, descubrimos la gran sabiduría que nos legaron los antiguos maestros y que simplemente nos recuerda que el poder de ver la belleza es una decisión. La decisión que en todos los momentos del día se nos plantea es considerar solo lo que se nos muestra en ese momento, por sus propios méritos, sin comparar una experiencia con otra. Así es como sembramos en nuestra conciencia las semillas que se convierten en el imán que atrae más belleza a nuestra vida.

Únicamente cuando comparamos nuestra experiencia real con una idea de lo que creemos que *debe de ser* la belleza, podemos ver cualquier otra cosa que no sea la belleza del momento.

En la cultura de los navajos, este principio se nos recuerda con una frase muy simple: «La belleza en que basas tu vida».[2] Todos nos creamos el criterio con el que evaluamos la belleza de nuestra vida. La pregunta es: ¿cuál es tu calibre para medir el equilibrio, el éxito y el fracaso de tu vida? ¿Con que vara mides la belleza?

La belleza habita donde dejamos que lo haga

Al principio apenas lo noté. De pie con nuestro grupo en una amplia plaza del distrito histórico de Katmandú, me había acostumbrado a los empujones y traspiés tan habituales cuando vas de visita en grupo con otras personas. Para ayudar al cuerpo a aclimatarse a las alturas del Tíbet, habíamos programado pasar cuarenta y ocho horas en Nepal, a unos mil doscientos metros sobre el nivel del mar. Además de prepararnos para la meseta tibetana, nos daría tiempo para sumergirnos en la cultura de los más antiguos templos hindúes de los alrededores. Podría haber ignorado perfectamente el tirón que sentí en mis pantalones de montaña de algodón. Pero, como era tan deliberado, no lo hice.

Instintivamente bajé la vista. No estaba preparado para lo que vi. Mis ojos dieron con la mirada intensa de un hombre cuyo rostro cubierto por una barba rala apenas sobrepasaba la altura de mi rodilla. Tenía un aspecto a la vez atemporal y antiguo, mientras el viento caliente se le entremetía por los mechones de pelo que se le juntaban con los rizos plateados de la barba. La ceniza blanca con que el hombre sagrado hindú tradicionalmente se cubre el cuerpo se le pegaba a retazos en la piel húmeda. Debajo de esa ceniza había un cuerpo negro, arañado y deforme, al que los años de exposición al sol inclemente de las alturas no hacían sino ennegrecer aún más.

Tardé un poco en comprender lo que veían mis ojos. Al buscar por debajo de la cintura, donde *debían* estar las piernas de aquel hombre, todo lo que vi fue un muñón envuelto en un trapo sucio que caía hasta el suelo. En lugar de piernas, había una tabla con ruedas. Sucia por los años de uso, la tabla parecía ser el único medio de moverse que tenía el hombre.

Perplejo, retrocedí. Sin dejar de mirarme, el hombre puso lentamente las dos palmas de las manos en el suelo, se equilibró sobre la tabla y, con gran habilidad, se impulsó en mi dirección. Levanté la vista para ver si alguien más había observado lo mismo que yo. Quienes me rodeaban parecían completamente ajenos a lo que ocurría a sus pies.

La visión de la más mísera pobreza se había hecho algo habitual en el transcurso de nuestro viaje, y supuse de inmediato que aquel hombre era un *pordiosero* que me pedía una limosna. En muchas tradiciones religiosas, la mendicidad es una profesión aceptable para las personas que abandonan la familia y el trabajo para entregarse a la oración. Cuando me vio meter la mano en el bolsillo para darle algo, el hombre se giró y señaló el perfil del tejado de un templo que había al otro lado de la plaza.

Le seguí el gesto, y me vi contemplando la hermosísima fachada de madera de un antiguo templo hindú. Estaba parcialmente oculta detrás de otros edificios, y cubierta por completo de pequeñas figuras, de intrincado y minucioso detalle, de los miles de dioses y diosas de la cultura hindú. Si aquel hombre cubierto de ceniza no me la hubiese señalado, me habría pasado completamente desapercibida. Como descubrí más tarde, también encerraba una clave importante para comprender la fe hindú.

Cuando le fui a dar unas monedas, movió despreocupadamente las manos, como si ahuyentara las moscas, para indicarme que me guardara el dinero; no le interesaba. Me volví brevemente y vi que el traductor ya llevaba al grupo en otra dirección. Al mirar de nuevo, el hombre de la barba ensortijada había desaparecido. Le entreví en la muchedumbre que tenía delante de mí, justo cuando se adentraba por los ardientes adoquines entre las masas de turistas. Nunca lo volví a ver.

Cuento esta historia para ilustrar una idea. El hombre tenía un aspecto tan distinto del mío que me formé un juicio sobre quién y cómo era. Aquel día, de su cuerpo retorcido y ajado por el tiempo, brotó la belleza de su espíritu. No quería limosna, sino compartir algo conmigo. Me mostró una parte de su mundo que de otro modo nunca hubiera visto, y con ello me enseñó una lección sobre mi forma de enjuiciar. También demostró que la belleza solo puede aparecer cuando dejamos que lo haga.

El universo tiene una forma peculiar de darnos lecciones cuando menos lo esperamos. A menudo parece que llegan justo cuando acabamos de vivir una fuerte experiencia, como para comprobar que realmente hemos aprendido de ella. Este fue el caso del Tíbet.

Pocos días después de mi experiencia en Katmandú, el autobús trepó hasta un pueblo de las montañas y se detuvo junto a unos viejos barracones que se habían reconvertido en albergue para viajeros. Un hombre de espalda encorvada y piel maltratada por el tiempo subió al autobús y nos pilló a todos un tanto desprevenidos. Cuando nos miró, nos dimos cuenta de que era viejo, solo tenía un par de dientes y padecía un pronunciado estrabismo, que hacía muy difícil establecer contacto visual con él. Al principio pensamos que pudiera ser otro mendigo de la calle. Pero cuando una persona del grupo le ofreció unos yuanes chinos (la moneda local), los rechazó. En su lugar, empezó a sacar del autobús las mochilas más pesadas para que no tuviéramos que cargar con ellas.

Después de apilar perfectamente hasta la última mochila en la acera de delante del albergue, me di cuenta de que *quería* agradecérselo de alguna forma. Se lo merecía, sin duda. Con cada ciudad que íbamos visitando, nuestras mochilas parecían aumentar de tamaño y peso. También ahora se negó a aceptar nada. Al levantar la vista, esbozó una sonrisa, desdentada, se dio la vuelta y se alejó, y eso fue todo. No quería sino que disfrutáramos de su pueblo. No esperaba nada a cambio.

La verdadera sorpresa llegó cuando le pregunté al encargado del albergue por su empleado. Me dijo que no había ningún empleado encargado de ayudar con las mochilas. Ese hombre no era más que un transeúnte que resultó estar allí cuando llegamos y se prestó a ayudarnos.

Una vez más, la perfección de la belleza interior resplandeció a través de las *imperfecciones* de aquel hombre y de nuestros juicios. Fue una persona amable y servicial, que no pidió nada a cambio. En esa ocasión, sin embargo, todo el grupo pudo disfrutar la experiencia de aquel regalo del ángel del Tíbet.

Todos solemos percatarnos de vez en cuando de las rarezas de la vida, sobre todo en los demás, cuando se nos cruzan en el camino. Si los vemos cuando estamos solos, quizá nos limitemos a mirarlos, encogernos de hombros y no detenernos. Pero si nos encontramos con otras personas, es posible que nos paremos a comentar lo que vemos para aliviarnos la incomodidad que nos producen las actuaciones extrañas de otros individuos. De modo que, si podemos reconocer las *imperfecciones*, la pregunta es: ¿tendemos a juzgar lo menos perfecto también como menos hermoso?

Iba un día sentado de pasajero en un coche alquilado, en una gran ciudad donde por las calles que atravesábamos se podía ver toda clase de personas, con todo tipo de vestimentas, maquillajes y estilos que uno pueda imaginar. Estaba completamente rodeado de gente por todas partes, en la breve eternidad que, se me antojó, le costó al semáforo ponerse en verde. En ese tiempo, hice mi propio repaso de la vida: todos los nuevos peinados —de los corporativos de los años noventa a los retro de los sesenta—, arte corporal y *piercings*, trajes de ejecutivo, carteras, móviles y la última novedad en tablas de patinar. ¿Qué mayor diversidad agrupada en un solo lugar se podía pedir? Todo el mundo tenía su interés, pero había un hombre que me llamó la atención de forma especial.

Padecía una evidente dolencia neuromuscular que le dificultaba controlar los brazos y las piernas. Vestía traje de ejecutivo, con una mochila a la espalda, y parecía que se dirigía al despacho o regresaba de él. Mientras esperaba en el semáforo, daba la impresión de que ponía todo el empeño en controlar su cuerpo y permanecer quieto en su sitio. Cuando se encendió la señal de pasar, cruzó la calle, y con él lo hicieron todos los que lo rodeaban. Creo que en la vida no existe la casualidad, y aproveché la oportunidad de que aquel hombre pasaba ante mis ojos para observarle la cara. Su boca dibujaba una mueca debida al esfuerzo enorme y consciente que le suponía dar cada paso. Tenía la vista fija y concentrada. El simple hecho de andar era todo un trabajo para él, un trabajo muy duro.

Al desaparecer entre la multitud al otro lado de la calle, me invadió un sentimiento de gratitud. Intenté imaginar cómo hubiera sido aquel día de no haber estado ahí ese hombre. Y al hacerlo, lo eché en falta. Pensé en lo que me había aportado en aquellos pocos segundos, el coraje que demostraba con su determinación de salir al mundo. Pensé en lo vacíos que pudieran haber sido aquellos momentos de mi vida de no haber estado él ahí. Pero estuvo. Y con su presencia, aquel hombre valiente trajo belleza a mi jornada. Se me humedecieron los ojos cuando di gracias por su presencia y reflexioné: «¡Qué suerte tengo de haber visto hoy a este hombre!».

Te invito a que lo intentes

La próxima vez que te encuentres en un lugar público, observa con disimulo a las personas que tengas a tu alrededor. A continuación toma nota mental de una de ellas, cualquiera. Pregúntate qué es lo que más te emociona de esa persona. Tal vez su inocencia, o su sonrisa. Como en el caso del hombre que yo vi, quizá sea algo tan simple como su forma de afrontar los pequeños retos del momento.

Después cierra los ojos e imagina cómo sería tu día si no supieras que esa persona está en tu mundo. Piensa en lo vacío que habría estado ese momento, y cuánto la echarías de menos.

Y a continuación agradece de corazón que esa persona estuviese ahí para que repararas en ella, y todo lo que te enseñó sobre ti mismo. Es posible que te sorprenda el impacto que puede producir un ejercicio tan sencillo y breve.

La forma de ver la vida

Además de la belleza que transmiten una puesta de sol, los picos de las montañas coronados de nieve o el cuadro del pintor que más nos emociona, hay fuentes de belleza que nacen sencillamente del sentido que le demos a nuestra

experiencia. En estos casos, lo que crea en nuestro interior el *sentimiento de belleza* es nuestro modo de ver la vida. Un ejemplo claro es la experiencia del nacimiento de un ser humano.

Ser testigo de la llegada de una nueva vida a este mundo es sin duda una experiencia mística y mágica. Pero el hecho de saber cuál va a ser el resultado del parto de la mujer cambia lo que sentimos ante lo que vemos. Sin embargo, imaginemos por un momento que llegamos a la Tierra desde un mundo donde el milagro de nacer es una experiencia desconocida, y todo el proceso del parto nos parecerá inquietante, incluso aterrador.

Sin el conocimiento previo de que *así es como funciona en la Tierra*, con toda nuestra mejor intención y disposición, al contemplar un nacimiento veríamos muchos de los signos que acompañan a la pérdida de la vida en nuestro mundo. En un parto común en Occidente, empezaríamos por ver a una mujer que sufre, con la cara desencajada por un dolor cada vez más intenso, y sangre y agua que manan de su cuerpo.

¿Cómo podríamos saber que, de los signos externos de dolor que tan a menudo son sinónimos de muerte, pueda surgir una nueva vida? Todo es cuestión del sentido que le demos a nuestra experiencia.

Una belleza extraña

Aquella noche el cielo estaba en llamas. La emisora de radio local no dejaba de emitir cada hora avisos de emergencia, información sobre carreteras cortadas, planes de evacuación e información sobre los incendios. Los bosques que bordean la elevada llanura desértica del norte de Nuevo México llevaban ardiendo dos días y dos noches, con un fuego tan abrasador que generaba sus propios vientos, que lo acercaban cada vez más al pueblo más antiguo y siempre habitado de América del Norte: Taos.

Al aproximarme a la ciudad, una niebla densa suspendida del aire caliente y pesado había quedado atrapada en el valle. Dos días antes, en una tormenta de media tarde, un rayo había caído sobre el matorral seco y había prendido fuego al sotobosque. En unos minutos, la montaña que se levanta sobre Taos estaba ardiendo, y el fuego avanzaba peligrosamente hacia las urbanizaciones del pie de la montaña.

Sabía que ya era tarde, pero la espeluznante luz crepuscular que ensombrecía la zona imposibilitaba determinar la hora con exactitud. Desde la seguridad de mi coche, no podía apartar la vista del paisaje, que me hacía desviar la atención de la carretera. El resplandor de las llamas daba un tono extraño a las nubes bajas, y bañaba todo lo que había a sus pies de unos fuertes y penetrantes tonos rojo, rosa y naranja. Me miré el dorso de las manos, agarradas aún al volante, y me di cuenta de que los colores del cielo eran tan vivos que me teñían incluso el perfil de las venas.

Inmerso en la experiencia, solo por un instante, *sentí lo que veía* sin pensar en las devastadoras consecuencias que sin duda tendría aquel incendio que iba consumiendo toda la montaña. Contemplé la extraña belleza de las llamas y me encandilé: «Son los colores que durante siglos los pintores han intentado atrapar en el lienzo, y aquí están pintados en el cielo de un modo que ningún humano sabría reproducir. ¡Qué belleza... Qué magnífica belleza!».

De repente, en la radio una voz cambiaba el tono tranquilo de las informaciones para dar un aviso de urgencia: «El viento ha cambiado de dirección y puede ir en dos sentidos. Puede seguir subiendo por el valle hasta las casas del otro lado de la montaña, o venir hacia aquí, a Taos. Se avisa a la población del extremo oriental de la ciudad que esté preparada para la evacuación».

«El extremo oriental de la ciudad. ¡Es donde me encuentro!». En una décima de segundo, el fuego me pareció algo completamente distinto. En lo que cuesta oír una frase, el fuego pasó de ser objeto de admiración y belleza, a convertirse en un peligro, al darme cuenta de que amenazaba a su paso la vida de personas, caballos, rebaños y otros animales. Era aterrador. Empecé a pensar en los animales que siempre quedan atrapados en los incendios. Siempre hay historias de cadáveres calcinados de ciervos, alces y pequeños habitantes del bosque que se desorientaron por el rugir de las llamas, los fuertes vientos, el calor y el humo, y se perdieron. También las hay de bomberos que, arriesgando su vida para salvar las de otros, de repente se ven rodeados por las llamas por un cambio repentino de la dirección del viento, que les cierra la salida.

Cuento esta historia no solo para honrar el recuerdo de todos los que trabajaron con tanto esfuerzo para contener el incendio de Taos en 2003.[3] Aquel incendio me reafirmó en el principio que muchas culturas antiguas y pueblos indígenas han tenido por sagrado durante siglos. Durante el tiempo que estuve contemplando las llamas, el fuego en sí no cambió. Era siempre el mismo, ardiente, salvaje y desatado. *El que había cambiado era yo*. En particular, se había transformado en mí lo que sentía ante el fuego. En un momento, las llamas me fascinaban y mostraban una extraña belleza. Unos segundos después, se convertían en fuente de angustia y, si he de ser sincero, de mucho miedo. Si no hubiera sabido que las llamas que lamían el cielo por encima de las copas de los árboles amenazaban casas y vidas, con toda probabilidad habrían seguido siendo algo bello. Sin embargo, la conciencia del peligro que encerraban cambió lo que sentía al presenciar aquel espectáculo.

Muchas personas hablan de experiencias semejantes al ver en la televisión las imágenes de la explosión de la lanzadera espacial *Challenger* en el cielo de Florida en 1986. Mientras no supieron qué era lo que estaban viendo aquel día, los espectadores contemplaban aquellas nubes esponjosas sobre Cabo Cañaveral en contraste sobre el fondo azul profundo del cielo del sur de Florida como un bello espectáculo de una tecnología que despertaba admiración. Sin embargo, al saber que se había producido un fallo terrible que había acabado con la vida de toda la tripulación, aquellas nubes de espuma blanca perdieron toda belleza y se convirtieron en símbolo perenne del dolor y la pérdida de una nación.

El principio es muy simple: es posible que no podamos determinar *qué* ocurre en cada momento, pero sí somos capaces de identificar nuestros sentimientos *por* lo que ocurre. De esta forma se nos da la llave para cambiar incluso las experiencias más dolorosas en una sabiduría de afirmación de la vida que se convierte en la base de nuestra sanación. En solo unos breves segundos, mientras contemplaba el incendio de Taos, modifiqué mi experiencia con el simple cambio en mi manera de sentirla.

El poder de la belleza

Descubrimientos científicos recientes aportan cada vez más pruebas que apuntan a que la belleza posee un poder transformador. Más que un simple adjetivo calificativo de los colores de una puesta de sol o del arco iris después de una tormenta de verano, la belleza es una experiencia, en concreto, *la belleza es nuestra experiencia*. Se cree que los seres humanos somos la única especie de la Tierra con capacidad de percibir la belleza de nuestro entorno. Con la experiencia de la belleza se nos da el poder de cambiar nuestros sentimientos, sentimientos que, a su vez, están vinculados directamente al mundo que se encuentra más allá de nuestro cuerpo.

Los antiguos creían que el sentimiento –*en especial la forma de sentimiento que llamamos «oración»*– es la fuerza de mayor potencia del universo. Como hemos visto, el sentimiento y la oración influyen de forma directa en la materia física de nuestro mundo. De modo que cuando decimos que la belleza tiene el poder de cambiarnos la vida, no es exagerado añadir que la misma belleza también tiene el poder de cambiarnos el mundo.

Lo fundamental es que debemos encontrar la forma de ver más allá del dolor, el sufrimiento y la pena que el mundo nos muestra, y reconocer la belleza que ya existe en todo lo que nos rodea. Solo entonces habremos liberado el potencial de la oración en nuestra vida y su poder sobre ella.

Ver la belleza donde otros no la ven

Para ayudarnos en nuestro intento de comprender nuestro mundo, los maestros de hoy, como los del pasado, nos ofrecen ejemplos vivos. Hace unos años, perdimos a uno de esos maestros: la Madre Teresa de Calcuta. La «Madre», como la llamaban sus más allegados, iba arrastrando los pies por las calles cercanas a su casa y veía la belleza donde pocas personas pensaban que pudiera existir. Entre la inmundicia de la basura y los desechos de las alcantarillas, el olor agrio y punzante de alimentos podridos y cadáveres inidentificables de los callejones, esa gran mujer observaba los excrementos de las vacas. En ellos encontraba una flor, en la flor veía la vida, y en esa vida hallaba la belleza de las calles de la ciudad.

Sin palabras para explicarlo, sin racionalización ni justificación, los maestros como la Madre Teresa creen que la belleza simplemente existe. Ya está aquí, en todas partes y siempre presente. Nuestra función consiste en encontrarla. La vida es la oportunidad que tenemos de buscarla y tratar de hallarla en todo —desde las penas más profundas hasta las mayores alegrías— puede ser el principio por el que rijamos nuestra vida y a nosotros mismos.

Con su firme voluntad y determinación, la Madre Teresa aplicó la sencilla elegancia de sus creencias a la vida, y cambió para siempre el antiguo estigma puesto sobre los llamados intocables, los enfermos y los moribundos de las calles de la India. Sin pensar que eran *menos que* cualquier otra persona, ella y sus hermanas de la caridad salían todos los días en busca de aquellos a quienes llamaban «hijos de Dios». A esas personas, repudiadas históricamente por la sociedad india, y a veces por sus propias familias, las hermanas se las llevaban a los hospicios creados por ellas mismas para ofrecerles dignidad e intimidad en sus últimas horas en la Tierra.

Las hermanas siguen hoy con su misión. Decidí visitar sus centros hace tiempo, y vi que realizaban un noble servicio y que pocas personas poseen la voluntad ni la fuerza emocional para imitarlo. Son auténticos ángeles que andan por este mundo. Pienso a menudo en ellas y en la Madre Teresa, y sé que si son capaces de encontrar la belleza en las calles de Calcuta, yo también puedo reconocer que existe en todas partes y encontrarla.

Este es el poder de la belleza. La explicación es clara y las instrucciones, precisas. La belleza que experimentamos en la vida es el modelo que se refleja en nuestro mundo. En estos tiempos de alta tecnología, de circuitos miniaturizados y artilugios computarizados simplemente para hervir agua, es fácil que nos pase desapercibido el poder que la belleza le otorga a nuestra vida. En la comprensión cuántica de un mundo donde las creencias interiores se convierten en nuestro mundo exterior, ¿qué tecnología podría ser más simple, o más poderosa?

Capítulo cinco

EL QUINTO SECRETO:
Elabora tus propias plegarias

*El día de viento perfecto, basta con abrir
las velas para que el mundo se llene de
belleza. Hoy es uno de esos días.*

RUMI

L a plegaria es el lenguaje de Dios y de los ángeles. Desde la sabiduría reunida en los Rollos del mar Muerto hasta las costumbres indígenas que han sobrevivido hasta hoy, la plegaria se define universalmente como un lenguaje místico que tiene el poder de cambiar el cuerpo, la vida y el mundo.

Sin embargo, en estas mismas culturas, hay muchas ideas distintas sobre la forma más eficaz de *hablar* el lenguaje de la oración. A lo largo de los tiempos, cada práctica espiritual ha determinado a su modo qué es exactamente la plegaria, cómo funciona y cómo aplicarla a nuestra vida. En última instancia, lo que se observa es que el lenguaje de la plegaria no tiene reglas, ni existe una forma correcta ni incorrecta de elaborarlo. Vive en nuestro interior como algo que se produce de forma espontánea: el sentimiento.

En esta explicación del sentimiento como oración, el abad del Tíbet afirmaba sin dudarlo esta sabiduría atemporal que en la cultura occidental se perdió hace mucho tiempo: «Cuando nos veis salmodiar durante horas, y cuando nos veis utilizar campanas, cuencos, carillones e incienso, veis lo que hacemos realmente para crear el sentimiento en nuestro cuerpo. El sentimiento es la oración. —Inmediatamente después de esta explicación, me preguntó—: ¿Cómo hacéis esto en vuestra cultura?».

Resulta extraño que una sola pregunta, hecha del modo adecuado y en el momento exacto, pueda cristalizar una creencia que en el pasado tal vez nos hubiera sido difícil poner en palabras. Al oír la pregunta del abad, tuve que ahondar más en mí mismo para explicar cómo pensaba yo que funcionaban las plegarias en Occidente. En ese momento, empecé a ser consciente del impacto de las primeras correcciones de la Biblia.

Cuando los libros en los que se conservaba la sabiduría de la emoción y el sentimiento desaparecieron de nuestras tradiciones, nos quedamos solos para comprender lo mejor posible el sentimiento y la oración. Hoy, diecisiete siglos después, nos encontramos viviendo en una cultura que desecha los sentimientos, los niega o a veces simplemente los ignora por completo. Así ha sido en especial en lo que se refiere a los hombres, aunque afortunadamente se trata de una tendencia que está cambiando. Es como si hubiésemos estado utilizando el ordenador cósmico de la conciencia y el sentimiento durante casi mil setecientos años sin manual de instrucciones. Al final, incluso los sacerdotes y las personas de autoridad empezaron a olvidar el poder del sentimiento en la plegaria. Fue entonces cuando comenzamos a creer que nuestras palabras son las oraciones

Si a una persona que se encuentra en la calle, en cualquier aeropuerto o centro comercial, se le pide que describa una oración, lo más habitual es que recite las *palabras* de plegarias familiares. Cuando decimos cosas como «Señor, Dios todopoderoso, defiéndeme y protégeme esta noche», «Dios es grande, Dios es bueno» o «Padre nuestro que estás en los cielos», pensamos que estamos pronunciando una oración. ¿Es posible que las palabras sean un *código*? En lugar de ser la propia oración, ¿puede ser que las palabras que hoy se conservan sean la fórmula que alguien diseñó hace tiempo para crear en nuestro interior el *sentimiento* de la oración? De ser así, las implicaciones son enormes.

Sentimos continuamente, en cada uno de los momentos de todos los días de nuestra vida. Puede que no seamos siempre conscientes de lo que sentimos, pero no por ello dejamos de sentir. Si el sentimiento es la plegaria y sentimos continuamente, eso significa que siempre nos encontramos en estado de oración. Cada momento es una plegaria. La vida es una plegaria. Enviamos sin cesar mensajes al espejo de la creación, indicando sanación o enfermedad, paz o guerra, celebración o rechazo de nuestras relaciones con quienes amamos. La *vida* es la Mente de Dios que nos devuelve lo que sentimos: lo que hemos orado.

Cuando las oraciones dejan de funcionar

En los estudios que en 1972 se realizaron para documentar los efectos de la meditación y la oración en diferentes comunidades (y de los que te hablé antes), se vio con claridad que los resultados no eran fruto de la coincidencia ni la casualidad. Los experimentos fueron sometidos a todas las pruebas que se aplican a cualquier otro estudio científico serio en un entorno de laboratorio controlado. Los efectos eran auténticos. Y estaban documentados.

Durante lo que los investigadores llamaban la «ventana» —el tiempo en que las personas entrenadas sentían *paz* en el cuerpo—, en el mundo de su alrededor se reflejaba esa paz. Los estudios demuestran claramente que había reducciones estadísticamente significativas en los indicadores clave que los investigadores observaban. Como decía antes, disminuían los accidentes de tráfico, las visitas a urgencias de los hospitales y los crímenes violentos. En presencia de la paz, no podía existir más que la paz. Sin embargo, por interesantes que sean esos resultados, lo que demuestran a continuación ha seguido siendo un misterio para quienes se ocupan de su estudio.

Cuando finalizaban los experimentos, regresaba la violencia, a veces alcanzando niveles incluso superiores a los que se daban antes de que se iniciaran los experimentos. ¿Qué ocurría? ¿Por qué parecía que cesaban los efectos de las meditaciones y plegarias? La respuesta tal vez sea la clave para comprender el poder de nuestro modo de orar olvidado. Lo que ocurría era que aquellas personas entrenadas *dejaban* de hacer lo que estaban haciendo. Abandonaban las meditaciones. Cesaban de orar. Y esta es la explicación de nuestro misterio.

Los estudios reflejan en gran parte la forma en que se nos ha enseñado a meditar y rezar. En un día típico, seguimos nuestras rutinas habituales, como personas de negocios, estudiantes o padres. Y, en un determinado momento del día, nos reservamos un poco de *tiempo espiritual*. Quizá al final del día cerramos la puerta para tener mayor intimidad, después de limpiar la cocina, cuando los niños ya se han acostado y hemos acabado con la ropa. Encendemos unas velas, ponemos un poco de música relajante y rezamos y damos gracias, o reflexionamos sobre la paz. Después, cuando terminamos, *dejamos* de hacer lo que estábamos haciendo. Salimos de nuestro santuario y regresamos al mundo *real*. Tal vez exagere un poco, pero la idea es que las meditaciones y plegarias a menudo son algo que *hacemos* en un momento del día, y cuando terminamos, lo *dejamos*.

Si pensamos que la oración es algo que *hacemos*, se entiende perfectamente que cuando concluye cese también su efecto. La oración es una experiencia breve si damos por supuesto que nuestras plegarias son las palabras que recitamos y el gesto de mostrar las palmas de las manos o de juntarlas delante del corazón. Sin embargo, por los textos antiguos recuperados en el siglo XX, la oración indígena de la lluvia y la historia del abad del Tíbet, sabemos que la oración es más que lo que *hacemos*. La oración es lo que *somos*.

En lugar de algo que *hacemos* de vez en cuando, estas tradiciones nos invitan a aceptar la oración como algo en lo que siempre nos *convertimos*. Me dirás que es imposible estar rezando de rodillas veinticuatro horas al día recitando las palabras que los antiguos nos dejaron hasta que ya no podamos más, pero no es necesario hacer todo esto para rezar. El

sentimiento es la oración, y sentimos continuamente. Podemos sentir gratitud por la paz del mundo, porque siempre hay paz en algún lugar, o aprecio por la salud de nuestros seres queridos y por la nuestra, porque todos los días sanamos y de algún modo nos renovamos.

La razón de que pareciera que los efectos de los experimentos cesaban era que las oraciones terminaban. La paz que traía la «fuerza hermosa y salvaje» de las personas que rezaban y meditaban simplemente se desvanecía cuando dejaban de actuar los medios que la sostenían. Esto puede ser exactamente lo que los esenios intentaban decirnos a las generaciones futuras a través del lenguaje que nos dejaron hace más de dos mil años.

Traducciones actuales de los antiguos manuscritos en arameo, la lengua de los esenios, dan nuevas ideas de por qué los registros de las oraciones pueden parecer tan vagos. Al volver a traducirlos a la lengua original, se hacen evidentes las grandes libertades que durante siglos se tomaron con las palabras de los antiguos autores y lo que querían decir. Al intentar resumir y simplificar esas ideas, se perdió mucho con la traducción.

En cuanto al poder de la oración, la comparación, por ejemplo, de la versión bíblica actual del «pedid y se os dará» con el texto original da idea de lo mucho que se pudo perder. El pasaje actual y resumido de la versión *King James* de la Biblia dice:

> *Todo cuanto pidiereis al Padre en mi nombre, os lo dará. Hasta ahora nada habéis pedido en mi nombre: pedid y recibiréis, para que vuestro gozo sea cumplido.*[1]

Si lo comparamos con el texto original, se ve la clave que falta:

> Todas las cosas que pidáis directamente... en
> mi nombre, se os darán. Hasta hoy no lo habéis
> hecho. *Pedid sin ningún motivo oculto y dejad que os*
> *rodee la respuesta. Dejad que os envuelva lo que de-*
> *seáis, para que vuestra alegría sea plena*[2]
> [la cursiva es mía].

En estas palabras, se nos recuerda el principio cuántico que afirma que la oración es la conciencia, un estado del ser en el que nos encontramos, y no algo que hacemos en un determinado momento del día. Al invitarnos a que nos *rodee* la respuesta y a que nos *envolvamos* con lo que deseamos, el pasaje nos recuerda precisamente lo que el abad y mi amigo David nos mostraron en la sabiduría de sus culturas. Debemos conseguir la respuesta al *sentimiento* de nuestras plegarias en el corazón *antes* de que se hagan realidad en nuestra vida.

En los pasajes anteriores, Jesús señala que aquellos a quienes habla aún no han hecho esto. Aunque *crean* que han pedido que sus plegarias sean atendidas, si su súplica no fue más que las palabras «ruego que así ocurra», asegura Jesús que este no es un lenguaje que la creación reconozca. Recuerda a sus discípulos que deben *hablarle* al universo de una forma que tenga sentido.

Cuando sentimos que estamos rodeados de vidas y relaciones sanas y envueltos por la paz del mundo, este sentimiento es a la vez el lenguaje y la oración que abren la puerta a todas las posibilidades.

Recordar nuestro poder

En el cuento clásico *El mago de Oz*, solo cuando Dorothy se golpea tres veces los tacones y dice las palabras: «Llevadme a casa de tía Em», es devuelta a su familia y sus seres queridos. Todos sabemos que la *magia* no se produce por el solo hecho de golpear los tacones. Si así fuera, veríamos a la gente aparecer y desaparecer de las colas de Starbucks y de las salas de juntas de las empresas con la misma facilidad. Las palabras de Dorothy no expresaban un deseo, sino una orden. ¿Con quién, o con qué, estaba hablando?

La orden iba dirigida a ella misma. No les estaba dando instrucciones a la bruja buena Glinda ni a los Munchkins para que realizaran un acto de magia. Dorothy era quien tenía las zapatillas que se convirtieron en *objetos de poder* en su viaje. La piedra del chamán, el bastón de Moisés o la túnica de José eran el centro del poder de sus propietarios, y los zapatos de Dorothy cumplían la misma función. Los tres golpes eran el percutor interior de Dorothy que le hacían *sentir* como si ya estuviera en casa —y, en un abrir y cerrar de ojos, lo estaba.

Existe la creencia casi universal de que poseemos en nuestro interior unos poderes antiguos y mágicos. Desde la infancia fantaseamos con la posibilidad de hacer cosas que trascienden del reino de la razón y la lógica. ¿Y por qué no? Cuando somos niños, las reglas que dicen que los milagros no existen no se han integrado aún en nosotros hasta el punto de limitarnos las creencias.

¿Es posible que la sensación de que estamos conectados a una fuerza superior sea tan universal y que la ansiemos tanto que hayamos conservado las antiguas fórmulas para conseguirlo, y a un tiempo olvidado cómo utilizarlas en la vida? ¿Es posible, por ejemplo, que nuestras historias de hadas y magia hayan conservado las claves de nuestro modo de orar olvidado sin siquiera darnos cuenta de ello? Si el sentimiento es la oración, la respuesta a estas preguntas es un sí rotundo. Teniendo en cuenta esta posibilidad, analicemos algunos ejemplos conocidos de cómo se ha transmitido el código de la oración a lo largo de los tiempos.

Tal vez la oración más conocida y universal sea el Padrenuestro. Sus palabras son reverenciadas por casi un tercio de la población mundial, los aproximadamente dos mil millones de cristianos que buscan en las palabras de este antiguo código consuelo y orientación. En los oficios religiosos se suele recitar la oración entera, pero los dos primeros versos se conocen como la Gran Oración: «Padre nuestro que estás en los cielos, santificado sea tu nombre».

En lugar de recitar las conocidas palabras, te invito a que pruebes un experimento. Cuando las leas, o si las pronuncias en voz alta, fíjate en cómo te hacen *sentir*. ¿Cómo te sientes al hablarle personalmente a la fuerza que creó todo el universo y la vida de cada una de las células de tu cuerpo? ¿Qué experimentas al reconocer que el nombre de Dios es un nombre sagrado que solo hay que emplear con actitud santa y reverencial? No existe la forma correcta ni incorrecta de sentir con esta oración. La cuestión es que las palabras que se registraron hace más de dos mil años fueron pensadas para propiciar el sentimiento. Por encima del tiempo y las civilizaciones, esas palabras se dirigen a lo más constante que hay en nosotros: el corazón. Cualquiera que sea el sentimiento que generen en ti, este *sentimiento* es tu Gran Oración.

El salmo 23 es un código que funciona de la misma manera. Aunque se suele usar como oración para pedir consuelo en tiempos de necesidad, por ejemplo cuando fallece algún ser querido, este poderoso código está pensado para crear esa paz en todo lo que vive. Ya con el primer verso, «El Señor es mi pastor, nada me falta», comenzamos a sentir que alguien nos observa y nos cuida en este mundo. Hay diferentes traducciones, pero la palabra «pastor» se repite en todas ellas. Es evidente que se usó intencionadamente por la poderosa imagen que encierra, así como por el sentimiento de estar cuidados que genera en nuestro interior

Tal vez uno de los códigos de consuelo más sorprendentes es aquel que dio Dios al mundo para propiciar la bendición y la paz. Esta antigua bendición se descubrió en 1979, inscrita en dos diminutas tiras de plata en forma de pergamino. Este pasaje del libro de los Números 6, 22-26, se remonta a cuatrocientos años *antes* de los Rollos del mar Muerto, y se cree que es «el primer pasaje bíblico jamás encontrado en objetos antiguos».[3] En las tres frases del código, Dios establece una bendición que Moisés debe compartir con su pueblo. En sus antiguas instrucciones, Dios le dijo a Moisés: «Así es como debes bendecir a los israelitas». Después de su indicación precisa sobre cómo se debe utilizar la oración, le ofreció el código a Moisés de esta forma:

Que Yahvé te bendiga y te proteja.
Que Yahvé haga brillar su rostro so-
bre ti y te muestre su gracia.
Que Yahvé te descubra su rostro y te conceda la paz.[4]

Dios completa la instrucción a Moisés con estas palabras: «Así es como debes pronunciar mi nombre... y entonces los bendeciré». De esta forma, la propia oración se conservó a través de las palabras que nos hacen sentir.

Recapitulación

Llegados a este punto, seguramente tienes claro que la idea de este capítulo es que el sentimiento es la oración. Este principio encierra el gran secreto para que todas nuestras oraciones, sin excepción, sean atendidas. La clave reside en que nos debemos *convertir* en aquello mismo que deseamos experimentar en la vida. Si buscamos el amor, la compasión, la comprensión y el apoyo, tenemos que desarrollar en nuestro interior estas mismas cualidades, para que se reflejen en la Mente de Dios y se nos devuelvan en nuestras relaciones. Si queremos abundancia, debemos sentir gratitud por la abundancia que ya existe en nuestra vida.

Sabiendo esto, y conociendo el poder oculto de la belleza, la bendición, la sabiduría y el dolor, ¿dónde colocamos todo esto para que nos funcione en la vida? ¿Qué hacemos con estos antiguos secretos para superar los momentos difíciles que se nos presentan en la vida? Probablemente, la mejor respuesta a esta pregunta es emplear un ejemplo.

Hablaba antes de la historia de Gerald para mostrar que a veces nos vemos empujados a situaciones que nos producen un gran dolor, en circunstancias que nunca hubiéramos imaginado y en momentos que jamás esperaríamos. Gerald había perdido todo lo que amaba: su mujer, sus hijas, su casa y sus amigos. Incluso sus padres estuvieron un tiempo sin hablarle por el dolor que les había causado. El efecto dominó de unas decisiones que pensaba que debía tomar lo condujo directamente a la noche oscura del alma.

Cuando se vio en su noche oscura del alma, tenía ante sí dos posibilidades. Podía dejarse hundir cada vez más en la espiral de ira, tristeza, traición y abatimiento habitual ante una pérdida traumática, o ahondar más aún en su alma en busca de la fuerza que le permitiese comprender lo que había sucedido y lo sacara de aquel abismo, sabiendo que después sería mejor persona. Se requiere una gran fortaleza para superar esos momentos tan duros de la vida, sin duda, pero la fortaleza sola no basta. Debemos tener algo a lo que aplicarla: un proceso. Así es como Gerald inició este proceso:

EL DOLOR ES EL MAESTRO; LA SABIDURÍA, LA LECCIÓN: La clave para superar todas las pruebas a las que la vida nos someta es que solo podemos dañarnos cuando estamos preparados para que así ocurra. Es decir, únicamente cuando ya poseemos todos los medios emocionales para sanarnos el dolor podemos atraernos las experiencias necesarias para demostrar nuestro dominio. Este es el secreto sutil pero poderoso de la superación del sufrimiento.

Gerald solo pudo haber creado lo que él llamaba el «caos» en el que se hallaba porque poseía los elementos necesarios para construir la comprensión que diera sentido a los cambios de su vida. Este simple conocimiento le daba esperanza, una nueva forma de ver su vida y la fuerza para avanzar por ese proceso, en lugar de cesar en su empeño. La bendición fue donde debió aplicar su fortaleza.

LA BENDICIÓN ES EL LUBRICANTE EMOCIONAL: cuando damos los pasos del proceso de bendición antes expuestos, dejamos el dolor en suspenso durante el tiempo suficiente para sustituirlo por algo diferente. En el caso de Gerald, le invité a que bendijera todo lo relativo a su experiencia.

—¿Todo? –preguntó.

—¡Todo! –le respondí.

La clave del éxito de la bendición es que lo reconoce todo, desde lo que provoca el dolor hasta el que lo sufre.

Gerald empezó por bendecirse a sí mismo —al fin y al cabo, él era el lastimado—. Después bendijo a la mujer que lo traicionó. Pensaba que ella era la fuente de su dolor. Completó el proceso bendiciendo a todos los que habían sido testigos de ese dolor. Y ahí entraban sus hijas, su esposa, sus padres y sus amigos. Al bendecir, dejó en suspenso su dolor el tiempo suficiente para que interviniera otro elemento: la capacidad de ver la imagen completa y entender todo lo aparentemente incomprensible que ocurría en su vida. En el proceso de darle un nuevo sentido a su experiencia vital halló la belleza.

LA BELLEZA ES LO QUE TRANSFORMA EL DOLOR: más allá de lo que vemos solo con los ojos, cuando sabemos percibir la simetría, el equilibrio y la mesura de una situación, empezamos a comprender por qué ha ocurrido lo que ha ocurrido. Es entonces cuando se produce la magia. En el momento en que comprendemos el dolor y vemos la luz al final del túnel, comenzamos a sentirnos de otra forma ante nuestra experiencia. En esta diferencia, el dolor se convierte en sabiduría. Y se inicia la sanación.

EL SENTIMIENTO ES LA ORACIÓN: las antiguas culturas nos recuerdan que el mundo no es ni más ni menos que el espejo de aquello en lo que nos hemos convertido en la vida: lo que sentimos sobre nuestras relaciones con nosotros mismos, con los demás y, en definitiva, con Dios. Las pruebas científicas apuntan hoy exactamente a lo mismo: lo que sentimos en nuestro interior se traslada al mundo exterior.

Para Gerald, como para muchos de nosotros, se trata de una forma nueva de ver las cosas, muy distinta de la que nos enseñaron al ir haciéndonos mayores. Al cabo de pocos días de iniciar este proceso, supo bendecir y redefinir su dolor y su amargura. Sus nuevos sentimientos se convirtieron en la oración que enviaba al mundo que lo rodeaba. Casi de inmediato, sus relaciones comenzaron a reflejar sus plegarias. Tenía aún mucho que hacer, pero su esposa y él desarrollaron una sana amistad. Fue muy positivo para ellos, y también para sus hijas. Gerald además se encontró pronto en una nueva relación sentimental que reflejaba la nueva idea que tenía de sí mismo. Juntos, su pareja y él se embarcaron en un viaje de descubrimiento que a su antigua esposa le hubiera parecido peligroso.

Y así, de esta forma, Gerald superó su noche oscura del alma. La última vez que lo vi fue en San Francisco, en 1990. Me dijo:

—¿Sabes? Me alegro de que terminara. No creo que pudiera soportar otra situación como aquella.

—Puede haber más –le advertí–. El hecho de que pases por una noche oscura no significa que nunca te vayas a encontrar con otra. Solo quiere decir que podrás preverla, y saber más allá de toda duda que al otro lado siempre hay una vida mejor.

Crear tus propias oraciones

Lo fundamental de todo lo que aquí estoy diciendo es que las palabras de las oraciones no son por sí mismas las oraciones. Las palabras pueden ser reliquias hermosas, antiguas y venerables, pero su función es liberar una fuerza. Y la fuerza está en tu interior. Aquí, la palabra clave es «tú». Del mismo modo que el código de un ordenador pone en marcha una serie de procesos, las palabras desencadenan el sentimiento en nuestro cuerpo. Pero ni el código ni las palabras tienen ningún poder hasta que se les da sentido. En el caso del primero, el sentido es el sistema operativo; en el de las segundas, nuestros sentimientos.

Las oraciones son personales. Es posible que las palabras que en mí generan un fuerte sentimiento de gratitud no surtan efecto alguno en ti. De modo que aquí es donde puedes solazarte con las oraciones: ¡creando las tuyas propias! Busca las palabras especiales que tengan sentido para ti, y solo para ti, a fin de componer una oración sagrada y secreta entre tú y Dios.

La oración puede ser algo tan sencillo como la afirmación de que sea lo que sea por lo que reces ya se ha logrado. Un ejemplo de este tipo de plegaria podría ser una sola frase que te digas a ti mismo cada vez que cierras la puerta del coche y lo pones en marcha para dirigirte a un sitio u otro: «Doy gracias por un viaje seguro y por regresar sano». Mientras pronuncias tu oración, siente la gratitud como si el viaje ya hubiese concluido.

Para visualizar tu oración y darle fuerzas con los sentidos, imagínate haciendo algo al regresar a casa, por ejemplo sacar las bolsas de la compra del coche y colocar las latas en la alacena o la verdura en la nevera. Lo fundamental es que solo puedes sacar las bolsas del coche y colocarlo todo en su sitio si ya has vuelto a casa. De esta forma, has proclamado la firme intención de viajar seguro, sintiendo como si ya se hubiera producido.

Se dice que el Dalai Lama utilizó esta oración cuando inició el peligroso viaje que lo llevó de su casa al exilio a través de las escarpadas montañas que separan el Tíbet de la India: «Veo un viaje seguro —dijo, si es verdad lo que se cuenta— y un regreso seguro».

Si tienes espíritu poético, con la rima de los versos puedes expresar tu creatividad. Los versos son fáciles de recordar y se pueden convertir en parte de tu ritual diario. Lo importante es dar gracias por el sentimiento que generan. Tengo un amigo que todos los días, mientras va conduciendo, ofrece este tipo de oración. Su casa y su trabajo están separados por una cadena de montañas y una gran diversidad de animales que a veces invaden la carretera al alba y al anochecer, y mueren atropellados. Siempre que se pone al volante, pronuncia su plegaria: «Que vivan hoy todas las criaturas, que estén a salvo y seguras».

Puede parecer muy simple, pero creo que así es como funciona el mundo: la creación responde a aquello en lo que nos hemos convertido y a lo que sentimos. Tal vez no sea casualidad que a lo largo de los años mi amigo haya ofrecido su oración, y que nunca ningún animal de los que tan a menudo se cruzan por la carretera le haya provocado ningún accidente en su ir y venir de casa al trabajo. Observa a menudo que se apartan, o que cruzan por un punto por el que acaba de pasar o que está a punto de hacerlo, pero su plegaria ha sida atendida todos los días.

Tengo otra amiga que hace algo parecido siempre que sale de viaje de negocios. Sea en avión, en taxi o en su propio coche, comienza siempre sus viajes reconociendo la inteligencia viva que existe en todo lo que llamamos objetos inanimados. Cuando despega el avión, por ejemplo, dice: «Hemos creado esta máquina del polvo de la tierra, para que nos sirva en la vida desde el momento en que nacemos».

Una vez más, aunque a algunas personas les parezca simple y hasta estúpido, estas palabras le crean a mi amiga el sentimiento de que permanece en contacto con la materia de la que está hecho el avión. En esta sagrada comunión, siente el poder de estar conectada con la máquina de la que depende su seguridad, en lugar de confiar en que la suerte le depare un vuelo sin incidentes.

Son solo unos pocos ejemplos. Sabiendo cómo funcionan nuestras oraciones, te invito a que crees las tuyas propias. Disfruta de tus plegarias-poema. Compártelas con los amigos. No te extrañe si descubres que te habitúas a asentar tus oraciones en la rima del verso. De niños sabíamos cómo hacerlo, y nuestros hijos saben cómo hacerlo hoy. Es posible que, en lugar de considerarlo una tontería, descubramos que a través de estos momentos sencillos y alegres de la vida, nos servimos de una ancestral tecnología interior para acceder a la más potente fuerza del universo. ¡Y creíamos que solo era un poema!

Notas

INTRODUCCIÓN

1. Rumi, *Love Poems from God, Twelve Sacred Voices from the East and West*, trad. de Daniel Ladinsky, Penguin Compass, 2002, pág. 65.

2. Los versos están extraídos de una entrevista a Bruce Hucko. Shonto Begay, «Shonto Begay», *Indian Artist*, vol. 3, nº 1, invierno de 1997, pág. 52.

3. En el año 325 d. de C., Constantino, emperador del Sacro Imperio Romano, convocó un concilio de la primitiva Iglesia cristiana y pidió consejo sobre los libros que debía incluir, o canonizar, en la Biblia que aún hoy se usa. La recomendación del concilio fue eliminar veinticinco libros y corregir y resumir otros veinte. Diversos descubrimientos arqueológicos realizados en el siglo XX, como el de los Rollos del mar Muerto y el de los manuscritos de la biblioteca de Nag Hammadi, han aportado nuevas ideas sobre el contenido de una serie de esos libros bíblicos «perdidos», de algunos que no se habían visto desde aquellas revisiones, además de las versiones originales de al menos otros diecinueve libros que no se incluyeron en la versión definitiva de la Biblia, pero que han estado a nuestro alcance de forma modificada.

4. Edmond Bordeaux Szekely (comp. y trad.), *El evangelio de los Esenios,* editorial Sirio.

CAPÍTULO 1

1. Max Planck, físico y premio Nobel, asombró al mundo con esta referencia al poder de las fuerzas invisibles de la naturaleza durante una famosa alocución en Florencia, en 1917. Hombre adelantado a su tiempo, las ideas de Planck fueron concebidas casi ochenta años antes de que la física cuántica demostrara la existencia de un campo unificado en condiciones de laboratorio. John Davidson, *The Secret of the Creative Vacuum*, Londres, Reino Unido, C. W. Daniel Company, 1989.

2. James M. Robinson (comp.), *The Nag Hammadi Library*, «The Gospel of Thomas», Claremont, California, HarperSanFrancisco, 1990, pág. 137.

3. Las oraciones coloquiales son plegarias informales hechas en el lenguaje cotidiano. Un ejemplo: «Oh, Dios, haz que por esta vez llegue a la gasolinera antes de que se me acabe la gasolina, y te prometo que nunca más apuraré tanto el depósito». Las oraciones de súplica son peticiones que le hacemos a Dios, por ejemplo: «Dios todopoderoso, te pido salud, en todas las situaciones presentes y futuras». Las oraciones rituales son quizá las que nos son más familiares. Se pronuncian con palabras específicas en un determinado momento del día o del año, por ejemplo: «Señor, Dios todopoderoso, defiéndeme y protégeme esta noche...» o «Dios es grande, Dios es bueno...». Algunas personas distinguen entre oración y meditación, y consideran que la primera es *hablar* con Dios y la segunda, *escuchar* a Dios. Durante la meditación, lo habitual es que seamos conscientes de una presencia sagrada que impregna el mundo y a nosotros, y

aplicamos las técnicas de diversas enseñanzas para experimentar lo que esa presencia significa en nuestra vida para servirnos de ella.

4. En 1887 se realizó el tristemente célebre experimento de Michelson y Morley, para determinar, de una vez por todas, si realmente existe una «sustancia» misteriosa que impregna toda la creación y vincula los sucesos de la vida. Se trató de un experimento innovador, pero los resultados fueron objeto de múltiples interpretaciones y polémicas. Una analogía sería poner un dedo sobre la cabeza para saber de dónde sopla el viento. La conclusión de que, como no sopla viento alguno, no existe el aire puede dar idea de cómo se interpretó el experimento de Michelson y Morley. Los científicos concluyeron que el éter no existía, y que lo que ocurre en un lugar no tiene ningún efecto en lo que suceda en otra parte del mundo. Hoy sabemos que esto, sencillamente, no es verdad. Ver Michael Fowler, «The Michelson-Morley Experiment», U. Va. Physics Department (1996), web: http://galileo.phys.Virginia.edu/classes/109N/lectures/Michelson.html.

5. Estas palabras de tanta fuerza nos recuerdan que todo lo que vemos en el mundo tiene su origen en otro reino invisible de la creación. Lo que para nosotros son relaciones, salud, enfermedad, paz y guerra no son sino meras sombras de lo que ocurre en los reinos superiores que llamamos «dimensiones» y que los antiguos denominaban «cielo». Ver Szekely, *El evangelio de los Esenios,* editorial Sirio.

6. David W. Orme-Johnson, Charles N. Alexander, John L. Davies, Howard M. Chandler y Wallace E. Larimore, «International Peace Project in the Middle East», *The Journal of Conflict Resolution*, vol. 32, nº 4, diciembre de 1988, pág. 778.

CAPÍTULO 2

1. Rowan Williams, «As Eye See It: So Where Was God at Beslan?» *Virtue Online: the Voice for Global Orthodox Anglicanism*, viernes, 8 de septiembre de 2004, web: http://www.virtueonline.org/portal/modules/news/article.php?storyid=1283.

2. James M. Robinson (comp.), *The Nag Hammadi Library*, traducción e introducción de los miembros del Coptic Gnostic Library Project, del Institute for Antiquity and Christianity, Claremont, California, San Francisco, CA, HarperSanFrancisco, 1990, pág. 134.

3. «Aging Changes in Organs, Tissues and Cells», *HealthCentral*, web: www.healthcentral.com/mhc/top/004012.cfm.

4. «Chill Out: It Does the Heart Good», boletín de la Universidad Duke en el que se cita el estudio de la relación entre la reacción emocional y la salud del corazón, publicado originariamente en el *Journal of Consulting and Clinical Psychology*, http://Dukemednews.org/news/article.php?id=353.

5. Brigid McConville, «Learning to Forgive», Hoffman Quadrinity, 2000, web: www.quadrinity.com.

CAPÍTULO 3

1. Williams, «As I See It».

2. Rumi, Coleman Barks, trad., *The Illuminated Rumi*, Nueva York, Broadway Books, 1997, pág. 98.

3. McConville, «Learning to Forgive».

4. Robinson (comp.), *The Nag Hammadi Library*, pág. 128.

5. Íbid., pág. 129.

6. *Holy Bible, Revised Standard Version*, Lucas 6, 28, Cleveland y Nueva York, World Publishing, 1962, pág. 60.

7. Íbid., Romanos 12, 14, pág. 151.

CAPÍTULO 4

1. R. H. Charles (trad.), *The Book of Enoch the Prophet*, Boston, MA, Weiser, 2003, pág. 5.

2. Begay, «Shonto Begay», *Indian Artist*, vol. 3, nº, 1, invierno de 1997, pág. 52.

3. El viento dividió en dos el incendio, que avanzó en dos sentidos. Las brigadas de bomberos pudieron controlarlo en pocos días. La tierra quedó calcinada y las cenizas ensuciaron el agua, que no se pudo beber durante cierto tiempo, pero los daños en Taos fueron escasos.

CAPÍTULO 5

1. *Holy Bible, Authorized King Kames Version*, Juan 16, 23-24, Grand Rapids, MI, World Publishing, 1989, pág. 80.

2. Neil Douglas-Klotz (trad.), *Prayers of the Cosmos: Meditations on the Aramaic Words of Jesus*, San Francisco, CA, HarperSanFrancisco, 1994, págs. 86-87.

3. John Noble Wilford, «Solving a Riddle Written in Silver», *New York Times*, martes, 28 de septiembre de 2004, sección F, pág. 1.

4. *The New Jerusalem Bible, Standard Edition,* Números 6, 22-27, Nueva York, Doubleday, 1989, pág. 113. Esta versión de la Biblia recupera el texto original, que se modificó o se eliminó en las correcciones del siglo IV. En el texto restaurado aparece el nombre original y antiguo de Dios, YHVH, que en seis mil ochocientos lugares de otras versiones del Antiguo Testamento fue reemplazado con palabras como «Adonai», «el Señor» y «el Nombre».

Sobre el autor

Gregg Braden colabora en el *New York Times* y es frecuentemente invitado a conferencias y encuentros internacionales especializados, siempre para abordar el tema de la espiritualidad y la tecnología. Antiguo diseñador de sistemas informáticos (Martin Marietta Aerospace), geólogo informático (Phillips Petroleum) y director de operaciones técnicas (Cisco Systems), hoy es considerado una gran autoridad en la vinculación de la antigua sabiduría con la ciencia, la medicina y la paz de nuestro futuro. Sus viajes a remotas aldeas y antiguos monasterios y templos, junto a sus conocimientos científicos, le avalan de forma particular a la hora de situar las tradiciones hace tiempo perdidas en el primer plano de nuestras vidas.

Sus obras (*La matriz divina, La sanación espontánea de las creencias, El tiempo fractal* y *La verdad profunda*, todas publicadas por Editorial Sirio) dan un importante sentido a los retos exclusivos de nuestro tiempo.

Para más información, podéis dirigiros a la oficina de Gregg:

Wisdom Traditions
P.O. Box 5182
Santa Fe, New Mexico 87502
(505) 424-6892
ssawbraden@aol.com

Índice